重新发现老课文的新魅力

重读经典课文

钱 锋 著

济南出版社

图书在版编目（CIP）数据

重读经典课文／钱锋著. —济南：济南出版社，
2016.11（2017.1 重印）

ISBN 978 - 7 - 5488 - 2436 - 7

Ⅰ.①重…　Ⅱ.①钱…　Ⅲ.①小学语文课 – 教学研究
Ⅳ.①G623.202

中国版本图书馆 CIP 数据核字（2016）第 288152 号

出版发行　济南出版社
地　　址　济南市二环南路 1 号（250002）
印　　刷　山东省东营市新华印刷厂
版　　次　2016 年 11 月第 1 版
印　　次　2017 年 1 月第 3 次印刷
开　　本　710 mm × 1 000 mm　1/16
印　　张　14.5
印　　数　1 601 – 5 000 册
字　　数　220 千
定　　价　42.00 元

目　录

重读经典

重构课堂

重读经典

发现"老课文"的新价值

一

有些"老课文",在不同时期、不同省份的小学语文教材版本中始终占有一席之地。经过时间的淘洗,其光芒不但未被新增补的课文掩盖,反而历久弥新。经过梳理,我发现这些"老课文"大都是经典的文学作品,与学生的语文素养积淀乃至精神成长关系密切。优秀的文学作品常常是有美育修养的作家的心灵倾诉,是一种艺术化的言语媒介。朱光潜说:"文学是一种与人生最密切的艺术。"文学,相对于一般的文字作品而言,不单是叙事和表意,更是由内心情感观照向外部世界延伸的一种艺术。相对于其他艺术的表现手法,文字能比较完满地再现叙述者情感的起承转合、情致心绪、思想转变等动态过程。正是由于文学作品不同于一般语言文本的价值,因此,《全日制义务教育语文课程标准(2011年版)》(以下简称《语文课程标准》)突出地强调了阅读的重要意义。《语文课程标准》总目标明确阐述:"学生在九年义务教育阶段能初步理解、鉴赏文学作品,受到高尚情操与趣味的熏陶,发展个性,丰富自己的精神世界。"可见,基础教育阶段的文学作品阅读直接和学生的精神世界相沟通,而不仅仅是基础的语言训练。

因此,在重新修订《语文课程标准》前夕,在新一轮教材又将出炉的当下,发现"老课文"的新价值或许有其独特的课堂实践价值。需要说明的是,本文所探讨的"老课文"都是来源于不同时期的人教版教材。

（一）"老课文"的新价值探疑之一：不变中是否有变？

教育是社会进程的价值观投射。当社会政治经济处于相对稳定的时期，语文教材也就保持了相对的稳定。当社会政治经济处于发生急剧变革的时期，语文教材也就相应地发生急剧的演变，这种演变是十分明显的。我们不妨对新中国成立以后的语文教材进行简单回顾，或许能从源头上认识到课程改革的重大意义。"语文"这个名称始用于1949年华北人民政府教科书编审委员会选用中小学课本之时。此前中学称"国文"，小学称"国语"。叶圣陶把"国语"改称"语文"，理由是"平常说话叫口头语言，写到纸上的书面语言连在一起说，就叫语文"，可见其工具性意义非常突出。1953年开始使用的《全日制十二年制学校小学语文课本》重视双基训练，把识字作为主要任务，重视多读多背和练习。之后，1959年出现的语文"文道之争"，也为至今还在讨论的"语文是什么"的问题开启了先河。1978年《全日制学校小学语文课本》把识字作为低年级学生的定位重点，并开始注意培养学生的自学能力，安排了讲读课文、阅读课文和独立阅读课文三种课文类型。同时显著加强了学生的读写训练，培养学生的读写能力。1986年，颁布了《中华人民共和国义务教育法》，同年成立了全国中小学教材审定委员会。人民教育出版社的九年义务教育五、六年制小学语文课本呈现了鲜明的时代特征，重视教材的思想性，新编入的课文较多。其中进行爱国主义教育和社会主义建设成就的课文，占了很大比重。这一时期的小学语文教材在语文基本素养训练方面有了很大的改进，沿用至本轮新课程改革之前。

因此，不断入选的"老课文"在不同时代的教材中肩负着不同的使命。新中国成立初期的小学语文课改由于需要大量改革旧弊，破除旧时代的束缚，课文的功能更偏向于让学生从中习得写作方式和表达方法，即把语言文字的应世功用放在首要位置。半个多世纪过去了，这些课文的功用意义早就为大家所熟知和认可，穿插在这些课本中的识字教学及知识技能训练也成为很长一段时间的主流，其地位根深叶茂。甚至，这些范本所呈现出来的符合当代价值观的诠释也在很长时间成为教学参考。近几年，随着信息时代阅读量的爆发式递增，现在的小学高年级学生已具备了相当丰富的阅读经验和语文水平，"阅读"这个原本单一的概念早已超越了一般意义上的书本阅读，呈现出多媒体、多感官的趋势。教参显得单薄有限，老师的经验显得力不从心；课堂教学遭遇了前所未有的挑战。新编选入的文章更是让大部分语文老师如临大敌，对已有知识结构造成了极大的冲击，课堂教学方法也随之带来了根本性的改变，而这些新课文，也是很长时间老师们"公开课"的第一选择。在这种情况下，很多经典的"老课文"成了很多老师已有经验中暂时没有改弦更张的面孔，成了课堂暂时的避风港。

然而，真的如此吗？

我们以 2000 年最后修订的 1988 年版人教版六年制语文教材和 2002 年审定启用的人教版教材为依据，将同时出现的部分有代表性的课文作一简单梳理对比，也许就能发现其中的不同。

课　文	所在单元及单元主题		同组课文	
	1988 年版	2002 年版	1988 年版	2002 年版
《开国大典》	第十一册 第二单元 爱国主题	第九册 第八单元 走近毛泽东	《狱中联欢》精读 《梅花魂》略读 《荔枝》略读	《七律》精读 《青山处处埋忠骨》略读 《毛泽东在花山》略读
《月光曲》	第十册 第三单元 西方名人	第十一册 第八单元 艺术和知音	《跳水》精读 《"诺曼底"号遇难记》略读 《金色的脚印》略读	《伯牙绝弦》精读 《蒙娜丽莎之约》略读 《我的舞台》略读
《梅花魂》	第十一册 第二单元 爱国主题一组 所属为略读课文	第九册 第二单元 思乡文章一组 所属为精读课文	《开国大典》精读 《狱中联欢》精读 《荔枝》略读	《古诗词三首》（泊船瓜洲、秋思、长相思）精读 《桂花雨》略读 《小桥流水人家》略读
《穷人》	第十二册 第五单元 西方经典文学作品	第十一册 第三单元 理解和鼓励	《卖火柴的小女孩》精读 《鲁滨孙漂流记》略读 《奴隶英雄》略读	《唯一的听众》精读 《别饿坏了那匹马》略读 《用心灵去倾听》略读

（续表）

课　文	所在单元及单元主题		同组课文	
	1988 年版	2002 年版	1988 年版	2002 年版
《丑小鸭》	第四册 第八单元 古今中外的寓言 和童话	第四册 第七单元 现实生活中观察 和发现	《称象》 《刻舟求剑》 《狼和小羊》	《玲玲的画》 《蜜蜂引路》 《寓言两则》 （《揠苗助长》《守株待兔》）

从上表列举的 5 篇经典课文对比，我们不难发现，它们在不同年代教材中的定位区别还是相当大的。

1. 年级段分布不同

《开国大典》和《梅花魂》均从第十一册改到了第九册，《穷人》从第十二册调整到了第十一册，这是顺应了当下学生阅读现状所作出的改变。而《月光曲》从原先的第十册提升到了第十一册，则是对课文主题重新进行定位之后的改变。根据学生身心状况进行的调整，表面上看似乎不是很重要，其实在不同的年龄阶段阅读同样的文章，其认知差别还是相当明显的。类似的调整还有《桂林山水》和《鸟的天堂》这类课文的学段下调。

2. 所属主题单元不同

这是新旧课程相比最大的变化，也是最值得关注的变化。

《开国大典》由原来的爱国主义教育文章一组调整到了"走近毛泽东"这一主题。从同组单元课文来看，新教材的主题更加集中。课程改革后最大的区别就是《梅花魂》由原来侧重"爱国"转向了侧重"思乡"，应该说更突显这篇文章的主旨。《丑小鸭》从原来的"古今中外寓言和童话"调整到了关于观察和发现的主题，同时也保留了两则经典的寓言故事。而《月光曲》由原来很宽广的国外文学作品一组调整到了更为集中的"艺术和知音"主题单元，如此一来，理解难度明显增加。因此，提升相应的年级是合情合理的，这也体现了 2002 年版教材对部分文章主旨的重新确认和发现。《穷人》的调整和《月光曲》的类似，突出其文学地位和价值，对经典的意义和文本的内涵挖掘更深。这些文章的调整是我们需要重点关注的，这里涉及了新教材对文本的价值取向，部分文章的具体解读在后文中有涉及。类似的调整还有把原先分散的鲁迅文章整合成"走近鲁迅"单元。

3. 课型定位不同

《梅花魂》从原来的略读课文调整到了精读课文，这是很大的转变，也是对课文文学价值的重新确认。类似的还有从精读调整到略读的，比如《丰碑》从精读调整到了课后选读。

纵观小学六年的十二册教材，可以说所有被保留的经典课文都被重新定位，因此，表面上的不变带来的却是根本性的改变。不发现这些改变的玄机，如何发掘其时代的价值？

(二)"老课文"的新价值探疑之二：以不变是否能应万变？

很多有经验的语文老师面对着众多没有删除掉的老课文，心中暗自庆幸，以为以自己多年的经验依然可以驾轻就熟。但是，这张"旧船票"真的能够登上新的"客船"吗？

其实，在没有推出新教材的时候，随着时代发展，社会价值观已产生了翻天覆地的改变，尤其"转型期"的社会价值就更多元。价值观的不同必然导致教育话语体系的不同，而教学则是首当其冲的。我们不妨来看不同时代语文教材的封面，就能窥得一些面目：

20世纪70年代　　　　20世纪80年代　　　　20世纪90年代

书的封面都如此，即使里面的文章还是这一篇，即使是同一本沿用二十年的语文书，也自然要求从新的角度解读。改革开放后，各领域思想大解放，各种思潮此起彼伏，语文文本呈现出不同的价值是很正常的事。

其次，如上表分析，当同一篇课文以不同的定位、不同的课型、不同的归属主题单元出现时，文本解读和课堂建构的改变是应有的逻辑。但事实上，在日常教学中，不要说有两套教材教学经验的老教师一时无从发觉

7

其变化，就是新教师也都沿用自己曾经所接受的解读或者网上查阅到的所谓经典教案，这样做非常容易掩盖住文本的真正价值。

再有，优秀的文学作品一旦选入课文，根据教材的编者意图、执教者的心境、学生已有的阅读现状等诸多因素，始终存在多种解读的可能。这也是经典作品入选课文的意义所在。几十年不变的《十里长街送总理》，在总理刚逝去的年代，每上此课，全班师生只要一读就痛哭，这场景至今让很多老教师记忆犹新，而几年前上此课若要学生感动得落泪，大都需借助各种媒介的补充。这并不能责怪孩子没有记住历史，再伟大的历史人物、事件都会成为过去。事实上，从缅怀到感知，这篇课文的定位就在发生变化。2002 年版教材删除了这篇课文，并非编者要让师生忘记周总理，而是，这就是时代的变化。其他的作品也是如此。以不变应万变的语文课是不存在的，顺应时代价值才是永远不变的真理。

上述两个矛盾点，大部分的老师在第一轮新课改过程中，并不是没有感受到，而是没有及时去梳理和分析，也一时找不到好的方法重新定位。因此，在这样的一个背景下，语文课改不应只停留在争论课改是否合理，而应安下心来，投入到教材、教法的研究中，去找寻这些经典的"老课文"变化背后需要重新诠释的内涵和外延，这才是本文所提出的关键要旨所在。比之新课文的选入，这些"老课文"价值的重新审读，其意义实际上是在搭时代的脉搏，去除历史的尘埃，还其更本真的面目，这才是语文教学乃至语文教育的价值回归，也为其他的作品解读提供辩证的视角。

二

但凡艺术作品的解读都有三个存在本位，即作者本位、文本本位和读者本位。

叶圣陶先生说过："审慎的作家写作，往往斟酌又斟酌，修改又修改，一句一字都不肯随便。无非要找到一些语言文字，意义和情味同他的旨趣恰相贴合，使他的作品真能表达他的旨趣。""凡是出色的文艺作品，语言文字必然是作者的旨趣的最贴合的符号。"显然，作者本位在艺术作品中是解读的第一把钥匙。忠实地还原作者本意是传统的阐释学一致认同的基本原理。

　　文学批评史上著名的"日内瓦学派"认为，读者应当摆脱属于自己现实环境的一切，直到成为"可以被别人的思想充实的一种内在真空"。也就是说，读者完全是被动接受由作者给定的东西，作者才是一切的本源，阐释只是努力回到这个本源，而解释者是一片真空、一块透明体，不带丝毫偏见，不加进半点属于自己的杂质，只需原原本本把作者的本意复制出来。美国批评家赫施在《阐释的有效性》中主张"客观批评"，他认为为了寻找一个客观的、恒定不变的准绳，就只有把作者奉为唯一的权威，此种流派忠实于还原作者创作的动机，也是我们教师解读课文的重要依据。

　　以小学第九册第二单元课文《梅花魂》为例，作者陈慧瑛在创作谈中如是说："《梅花魂》是我家的真实生活写照，是海外儿女滴泪的心声。……外祖父的墨梅、外祖父关于梅花品格的谆谆教诲，伴我走过青年时代万苦千辛的人生旅程，在祖国最危难的岁月，我与祖国母亲同在！"这段心声所表露的是作者的两种情绪：海外游子的思乡之情和傲雪梅花的民族品格。这两种情绪中，思乡之情是基调，是解读这篇文章的钥匙。然而，在老教材中，这篇文章和《狱中联欢》之类的革命题材放在一起，突出了爱国却削弱了思乡情结，显然是没有完全尊重作者本意。在新版教材中，将此篇课文安排在思乡一组课文中，回归了作者本位。思乡和爱家爱国原本水乳交融，但放置在文学语境中，又有很大的区别。我们在解读文章时，不能不关注作者本位。这也是编者选编课文的一个衡量标准。但是，作为选入教材的课文，另一个"作者"有时其影响甚至会超越原作者，那就是教材编者。

　　在小学课文中，作者本位背后还隐着一个编者意图，这是在作者本位基础上，一个带着取舍态度的"第二作者"。根据教材的实际情况，编者删减部分作品以适合学生。编者意图是很多语文专家倡导的解读方式，从编写程序看，教材编写无非是少数教学专家根据有关学生能力发展的调研，对教材的整体构架进行论证，然后对精心遴选的课文进行加工、编辑和再创造的过程。实际上，语文教材质量的优劣，很大程度上取决于专家们的教育思想、学科认识和经验目光。知识技能的年级分布、文本作品的选择编排、阅读的导引与练习的设置等，都凝聚着编著者的苦心与智慧。因此，当面对一篇篇具体课文的时候，语文教师除了体味作者的本意之外，还得领会教材编者的编辑意图，这有助于一线老师站在课程的视角审视具体的篇章。

比如经典老课文《少年闰土》，节选自鲁迅著名的小说《故乡》，各种版本的教材都有选编。编者的意图在这篇文章中不是要执教者以原文为背景进行对《少年闰土》的解读。节选部分关于闰土的记忆具有神异的色彩："深蓝的天空中挂着一轮金黄的圆月，下面是海边的沙地，都种着一望无际的碧绿的西瓜。"这是作者对童年美好场景的刻意渲染。这与《故乡》中"苍黄的天底下，远近横着几个萧索的荒村，没有一些活气"形成了记忆与现实的强烈反差。面对小学六年级的学生，以往教参中建议介绍《故乡》的内容是大可不必的。编者的用意，是让孩子感受他们的年龄能够感受的鲁迅，而不是带着革命斗士一般锋利的鲁迅。抽取的这一部分纯粹是对少年闰土的钦佩与向往，其间，充盈着江南农村自由的气息。就这篇课文来说，尊重编者的意图，站在少年鲁迅的角度来认识闰土即可。

通过分析我们可以发现，不同时代的教材即使选用同一篇作品，它的课型定位、年级段定位和主题归属定位、同组文章这几个因素在经过编辑的选择之后也有着截然不同的区别，这是我们需要关注的另一角度的"编辑意识"，这个编辑意识具有更为重要的导向意义，甚至，从某个角度说，是这些经典"老课文"在新旧教材中的根本区别。这些课文一旦赋予其新的课型归属、年级段的归属和主题单元归属之后，许多作品都焕发出了新的生机。

（一）课型定位和年段定位的不同

仍然以《梅花魂》为例，在1988年版教材中这篇文章属于第十一册第二单元，是其中的一篇略读课文，而在新教材中属于第九册第二单元，安排在第一篇现代文精读的位置，其作品的受众从六年级降到了五年级。然而，精读课文和略读课文在教学课时安排、教学分析、教后练习指导中的密度是完全不同的，实际上是重新审视了这篇文章的价值。比如，在老教材的教参介绍中，这篇课文基本围绕着爱国这一元素简单探讨，得出的结论是海外华侨的这颗赤子之心；重新调整后，教参建议是围绕着浓郁的思乡情结着力探讨，并从"吟诗怀乡""睹物思乡""遥望故乡"等场景的细节中一一揣摩。如此，课文的内在挖掘更深刻、更绵密，同时，也一改往日贴标签式的爱国情怀，老华侨的思乡之情延伸至民族魂的确认更加情真意切，学生感受也更自然顺畅。

类似的文章很多，比如《桂林山水》由原来的第十一册第一单元调整到了第八册第一单元，跨越幅度大。由于此文通篇描景抒情，对学生来说，理解和感受的难度并不大，调整合理。不过，也有定位有待商榷的，比如巴金的《鸟的天堂》调整到第七册第一单元，受众年龄明显偏低。这篇大朴无华的佳作，遣词造句随意而精当，譬如几次"流"字的意蕴，譬如两次对"鸟的天堂"的不同际遇，刻意寻去只见树而不见鸟，偶然路过却闻其声而观其形，都精准呈现了当时作者的心境，这些恐怕不是刚读四年级的学生能体会的。对这篇文章，编者删选修正的地方也颇多，不能够反映原作的精髓。这篇文章，在不同地区的版本中，选编年级差异较大，鲁教版放在第六册，广西师大版放在第十一册，北京版、长春版则在第十册，原人教版放在第十一册。这些差异也说明了对这篇文章的文学性目前尚没有统一的认识。

（二）单元主题定位和同组文章的不同

新教材有着明显的主题单元体例编排，比之老教材有更加鲜明的主题，切口小，甚至个别新的主题随着时代的发展得以呈现，这是难能可贵的。比如六年级第十一册的第一组课文主题是"与自然为友"，所选编的课文都是极具自然情怀和想象力的佳作，这与以前纯粹以描写祖国大好风光为主的单元相比，更加符合当下的绿色环保时代需求。主题单元的编排方式可以集中地将一组类似主旨的课文编排在一起，有的相互延伸，有的相互借鉴，有的相互补充。经实践证明，这对学生阅读能力的提升和对主题的认知，有着相当明显的作用。加之精读课和略读课的配合，以及课后阅读材料的增加和同步阅读的配合，新教材在语文主题阅读这个领域的跨越是明显有成效的，这也把握住了语文学习的本质。在这样的视野调整下，部分老课文有了一种"化腐朽为神奇"的转变，更加清晰地凸显出自己的价值。

比如，老课文《月光曲》就是这样的典型例子。九年义务教育六年制小学语文教科书中，此文编排在第十册第三单元，同组课文有《跳水》

《"诺曼底"号遇难记》《金色的狐狸》。在导读要求中有这样一段话:"相信这组课文一定会打动你的心,使你产生许多想法,引起你对故事中主人公命运的关注。"这样的导语,促使执教者把目光聚焦于人物形象之上,探析人物言行,体会隐含于文学中的那份情感因素,生成了"触动——感动——激动"的三段式教学。教学过程中,执教者依托文本情脉,缘情求悟,通过激发情感和品味语言等手段,让师生共同体验语言的独特魅力和健康、丰富的审美享受,共同感受人物形象。但是,对于这篇佳作来说,似更有意味无穷之处。在新教材中,这篇课文被安排在"艺术与知音"这个主题单元中,同组课文有《伯牙绝弦》《蒙娜丽莎之约》与《我的舞台》。单元主题是这样描述的:"艺术离我们并不遥远,有艺术的地方就有美。本组课文将带你走进艺术的百花园,感受艺术的魅力,受到美的熏陶。学习本组课文,要注意课文表达的感情,欣赏各种艺术形式的美,培养热爱艺术的情操,还要学习作者展开联想和想象进行表达的方法。"从人物的视角调整到了通过人物关注艺术和知音的契合,显然是极大的转变。经过这几年的实践,我们可以认定,这篇课文在"艺术和知音"这个层面的体悟显然超越单纯的名人故事感知,将这篇文章的文学特质展现了出来。因此,随着主题单元越来越接近文学的本源,同时需要学生有着更为丰厚的人生阅历的积累,《月光曲》的魅力在这个主题下能够显现得更加充分。

《月光曲》这篇文章的主人公毫无疑问是贝多芬,但这是一条暗线,明线却在盲姑娘身上。暗线是主线,在课文中处于隐藏状态,文章对于贝多芬本身并没有过多语言描写。明线是副线,却在课文中处于开放状态,大部分的篇幅都以盲姑娘的话语来推动故事的发展。这样一来,围绕着"艺术与知音"这个主题,我们会发现,如果采用盲姑娘这条明线,理清的是贝多芬在听了盲姑娘几句话之后的情感走向,然后逐层推进到由音乐而彼此认同的"知音"这个主题,这和以往的因被盲姑娘懂事认真而感动的这个主题是完全不同的。盲姑娘爱音乐又如此懂事,只是打动了贝多芬对于平民的恻隐之心,而引发他创作《月光曲》的真正动机是在琴声的感悟和理解上,他遇到了知音,更为难能可贵的是,她还是一个盲姑娘。正因为盲,所以她以心来倾听,这与能够在音乐会上近距离欣赏贝多芬演奏并报以掌声的人不一样,更多的人只是赞赏贝多芬的音乐光环,不是音乐本身。

而贝多芬在一个僻静之处，在一个他意料之外的地方遇见了生命中最重要的听众，这份感动引发了他艺术家的才情。联系26岁之后逐渐失聪的贝多芬的命运，我们不难发现，盲姑娘的"盲"和贝多芬的"聋"恰两相映照了艺术为心灵而洞开的实质。如此解读，和同组课文中的《伯牙绝弦》非常接近。俞伯牙名满天下，并不缺奉承的听众，但是他孤寂落寞。当他在山间遣怀寄兴弹奏《高山流水》之时，他也遇到了生命中最重要的知己钟子期。钟子期凭着对音乐天然的直觉，洞悉了俞伯牙的琴声和心声，一个居庙堂之高，一个处江湖之远，却不能阻隔他们心有灵犀，云水唱和。真正的艺术没有身份，知音者听之。这两篇课文，一古一今，一中一外，有着非常默契的关联，它们相互映照、彼此解释，从单元主题来看，安排得很成功。

我们不难发现，单元主题对文本主旨取向有很大的影响。这就需要执教者洞察教材编者的意图，而这并不是阅读教参能够完全解决的。在小学语文教材中，这样的例子很多。《白杨》这篇课文在以前的教材中，训练重点是"理解主要内容，进一步体会内容所表达的思想，提高理解课文的能力"。在现行教材里，训练重点是"把握主要内容，体会优美的语言和含义深刻的句子"，人文主题从"受到关心他人、无私奉献的教育，赞颂社会主义建设者的高尚品质"变换成了"走进西部、了解西部、亲近这片充满希望的土地，去体会建设者的辛苦与西部勃发的生机"。这样的变化，还是比较明显的。因此，同样教学《白杨》，为了让学生体会到西部建设者的内在精神，我们切取了孩子视角中的"高、大、直"与听了父亲一番话之后看到的"高大挺秀"作比较，从白杨的外在形态到内部精神，从而借物喻人，联结边疆建设者这一人的形象，学生就能顺其自然地感悟到句子内在的含义。再比如，《开国大典》这篇文章的单元主题，从"通过了解课文的思想内容，了解新中国的成立来之不易，学习革命先辈坚强不屈的革命精神和为后人造福的远大思想"转变为"走近毛泽东，感受伟人的风采和凡人的情怀"。执教时，需将更多的目光关注到毛泽东这一主要形象身上。还有像《我的伯父鲁迅先生》《跳水》《桃花心木》《一夜的工作》《落花生》等老课文，定位均有很大的调整。

因此，把握这样的变化，就是准确把握从作者视角到编者视角的变化，让老课文在新教材中焕发生机，并创新教法。在教学目标定位、重点难点确定，以及流程设计、练习安排、拓展延伸等方面综合考虑，把握好作者和编者两个本位意识，使老课文在新课程下的经典价值发挥得更充分、更有效。

三

黎巴嫩作家纪伯伦说："孩子是你射出的箭，不是你手里的弓。"若把每位作家的作品比作孩子的话，也是如此。当一部作品诞生并公开发表之后，作者已无法控制它的阐述权利，它已然成为一个独立的个体存在。由于作家的创作灵感常常是心境和环境的特殊融合，很难再生。因此，作品成就超越作家当初的写作期待也常有发生。盛行于 20 世纪五六十年代的新批评派论述："就衡量一部文学作品成功与否来说，作者的构思或意图既不是一个适用的标准，也不是一个理想的标准。"作品一产生出来，作者的用意已不复作用于它，它也不再受作者支配，这作品已是属于公众的了。譬如《红楼梦》问世之后，历代阐释者层出不穷，显然，作品本身具有强大的独立性。中国历代都重视书本的经典价值，古代的课文大多都是"经"，其地位是学子们奉若神明的不二法门。注释经典，也只不过是替圣人立言，传播圣人的思想，有新的创见，也都小心翼翼，稍有不慎便是离经叛道。朱熹认为："圣贤所以教人之法，具存于经。"因此，将文本至上，摒弃传统批评方法中作者高高在上的地位的做法，可谓给阅读教学开创了一个广阔的空间，给结构主义式课堂的进一步发展创造了条件。

同时，文本在接受美学看来，它是读者阅读的先决条件，是潜在性因素。这种潜在性因素具备一定的空白和不确定性，而这，恰是作品本身的魅力。小学课文的选编集方家智慧大成，在古今中外的文学作品中遴选，其客观存在的价值不容忽视。经典"老课文"是以汉语言文字展示人间真善美的艺术精品，值得反复诵读品味，于漫漫人生中慢慢受用。它应该具有震撼人心的力量，能给学生打下"文化精神的底子"和"文学语言的底子"。语文教材的内容具有美的感召力，语言是千锤百炼的。因此，作品的价值就在其固定的存在意义，不依读者的喜好消逝，不依作者的本意消逝，它被物化而存在。这是哲学层面对作品存在意义的判断。如此看来，作者或者编者的权威性隐退，从某种意义上而言，为其作品提供了更为纯粹的解读空间。小学教材本身就只是个小小的例子，执教者从例子的角度解读教材，能摆脱更多意识形态的束缚。

（一）基于文本主体的解读意识

王崧舟先生曾经解读过经典课文《鸬鹚》，典型地体现了一个执教者的文本主体自觉。王老师将此文的解读分为三类：见物不见人、见物也见人、由物及人。最糟糕的第一类读者，只在鸬鹚身上做文章，将此看成动物描述一般；比较常规的是虽然见物也见人了，但眼光仍然在鸬鹚上，因课文题目是《鸬鹚》，以为课文重点写的也是鸬鹚；合适的解读方法是见人及物、由人及物，注意到课文重点写的是渔人，而鸬鹚只不过是渔人的一个镜像而已。如此着眼点，一个"悠然"，一个"一抹"，一条"波痕"，都让我们感悟到的不是鸬鹚的活动身姿，而是渔人的心境、渔人的喜悦。文章最后描写湖面由绚烂归于平淡，留下了"一曲、一片、一副、一段……"的动人画面。追溯当年郑振铎先生在国内大革命失败、国运衰弱之际写下了此文，寄托了他在江南农村看到这一情景时闪现的政治失意遂归隐田园的情怀。虽然归隐情怀在课堂内不必谈及，但是其映照了执教者站在文本主体意识下的一种文化自觉，使文本的解读有了朝向的升华，并基于年龄特点点到为止。有了这样的文本尊重，执教者才会看见"悠然""一抹"这些词语背后的"人"，也才能挖掘语言文字堪称经典的老课文的魅力。

谈到文本主体，小学中的古诗文教学是其中的典型。选入小学教材的古诗更换并不频繁。比如《画》《静夜思》《春晓》《黄鹤楼送孟浩然之广陵》等十多篇都是几代教材保留篇目。古诗文比现代文承载了更多的时间印痕，大浪淘沙，其经典性不言而喻。但是，我们时常在课堂内听到老师对很多古诗文存在误读。其主要的原因是主观上忽略了文本主体的价值，认为区区二三十个字没有什么内涵。执教者为了避免过去教学古诗的平白单一，为了使课堂文化丰满，便不断地从背景拓展、诗人命运等诸多外在因素来扩充容量，殊不知，这是典型的南辕北辙。一首诗，它的经典价值毫无疑问便是诗本身，即便诗人写诗的心境、遭遇等存在当时的特殊性，但所有的情绪和感悟毕竟融汇在诗句中，字字珠玑。譬如陆游的经典名诗

《游山西村》，很多老师在执教时为了让学生更好地体会"山重水复疑无路，柳暗花明又一村"的哲学意味，便将陆游的生平、陆游的爱国情怀，甚至陆游的《示儿》都悉数抛出，结果，学生依然一脸茫然。和陆游大多数忧国忧民的诗作不同，这首《游山西村》是作者少有的颇具农村田园意趣的一首诗，一派天然。这首诗句句都沉浸在一片农人的喜悦之中，具有悠远古朴的狂欢色彩，腊酒鸡豚的尽情享受、箫鼓春社的喜乐情景宛若在目。解读"山重水复疑无路，柳暗花明又一村"，首先需从诗句本身发现其艺术魅力。这两句诗至少有两个显著特点：第一是"虚实相间，犹抱琵琶半遮面"。写的是眼前景，但又若隐若现。看见山西村了吗？没有。看到具体的谁了吗？没有。看到他们在干什么吗？没有。因此，这里的山重水复和柳暗花明使得诗中村庄的风景呈现了欲遮还休的效果。古老的村落在绿杨荫里深处，具有中国画中留白的效果，似乎只看到一角白墙，至于墙里面的情致和人物，我们似乎听到了笑声，闻到了腊酒的芬芳，鸡豚的香味。所以这两句诗嵌在中间，具有极为传神的"轻纱"的效果。滤去了农人的劳累和艰辛，朦胧间，将生活的诗意显现其间。第二是"远近和宜，草色遥望近却无"。作者站在山的拐角处，一个不清晰也不模糊的地点，站在村口，一个离家不远又徘徊不前的乡关。这个地方使得诗人有了前尘往事的回望和对不可期许的未来的展望。我们看到的是一个被微风气息醺得迷醉的诗人，脸色红润，步履轻盈，暂时忘记硝烟，忘记国家的恩仇，箫鼓声处，他的心融入队列，不知今夕何夕。往前一步，拐个弯，他便进入了另一个桃花源。"又一村"即是一派物随心移的新天地。教学时，带领学生将这种山乡农村的意趣表达出来即可，同时关注诗句特有的表达。至于，"归"还是"游"，"仕途"还是"归隐"，留下空白，让学生今后再去补白。

文本越经典，其本身的价值就越大。过度游离在文本之外的解读是得不偿失的。

（二）基于文学本位的解读意识

王尚文先生曾指出，语文是"语言文学课"，首先是"人在语言中成长"，其后是"心在文学中美化"，这是一个漫长的分合过程，二者并不是割裂存在的。不断入选小学语文的"老课文"就其文字运用的典范意义以及文学情感的审美价值来讲，都超越一般文章，因此，从"文本意识"到"文学意识"的过渡，能更恰当、更深入地还原文章的内涵。

我们发现语文教材中的文本本位逐渐趋近于作品的文学本位。单纯文字组合而成的文章本身不具备文学的力量。而文学作品是"总是充满着某一独特的言语主体在某一独特的言语环境之中的某种独特的生命活动或者精神活动"。文学作品具有独特的表达艺术，特别注重词语的选择和配置。俄国形式主义者将文学作品置于最高地位，把作品看成是一个独立的世界，他们最关心的是作品及其内涵。对于一部完整的作品来说，内容和形式不能断然分开，而是互为一体。文学的语言也就是生活中的语言，在文学作品中像构成了锁链一样形成了连接，文学的本位也就是生活中的一切通过作者非凡的感悟经由内心提炼从而表达出来的形式，这一切都是生活中能够让众人感知得到的。文学就是将生活中的细小收集起来，然后再表现出来，这其中是经过了一遍思考的，也就像被依附上了缥缈的衣裳一样，当凑成一件完美的东西时，就会让人感动，文学就是这其中所有琐碎的神奇黏合剂，看不到痕迹，只感觉得到产生之后的震撼。因此，这种力量就是属于它本身的文学的力量。这种力量根植在文学作品的字里行间、肌理内在，我们的阅读教学需怀着一种虔诚的姿态来洞察作品本身。小学语文，是文学朝向的起点。

鲁迅的文章，常成为教材改革的焦点。在每一个教材改革的不同时期，鲁迅的文章竟不断遭遇"被定位"。钱理群先生曾谈及："近十年来，我一直在给大学生开鲁迅课。而每一回都遇到一个障碍：学生对于鲁迅的心理距离。究其原因，有不少学生都直言不讳地归于在他们最初接触鲁迅时，错误的或片面的宣传与引导，其中也有中小学语文教学的某些失误。"回头看来，我们小学时代接触的鲁迅又何尝不是如此呢？不要说鲁迅文章半文半白的语言和其他文章风格不一，最主要的是老师总在课堂上赋予某些语段以晦涩的含义，并加之一大段的时代背景和中心思想，令学生望而生畏。鲁迅在教材中"被仰视"的结果是被疏离。新教材中，鲁迅的相关文章安排了整整一单元，所选入的课文依次是《少年闰土》（精读）、《我的伯父鲁迅先生》（精读）、《一面》（略读）、《有的人》（略读），其中，前两篇课文在不同版本的教材中几乎成为必选，后两篇从原先的中学降至小学。可贵的是，在单元的导语部分，所谈到的仅仅是"大文豪"，其定位也只不过是"初识鲁迅"。这也是告诉执教者，努力将鲁迅回归到文学家这一定位，让鲁迅的作品回到文学作品的范畴。

上文谈到的《少年闰土》，节选的部分童年回忆和学生的心智年龄总体上比较接近，但是，《我的伯父鲁迅先生》却常常负载了过多的时局意识。需要注意的一点是，由于本文的视角是侄女周晔的视角，因此，总体上仍然是属于儿童看到的世界。这个视角的独特性在于，对于这个动荡的周遭，她保持着似懂非懂的审慎，试图从亲人这个角度，还原鲁迅作为一个"伯父"的形象。显然，这应成为我们解读的关键。诚然，周晔的回忆是长大成人之后的记忆，又难免在行文中隐晦地透露着一些时代风云，如何恰如其分地解读，恰恰成为执教者文学意识的关键。我们以"救助车夫"这一核心事件为例进行探讨。文章中"他的脸上不再有那种慈祥的愉快的表情了，变得那么严肃。他没有回答我，只把他枯瘦的手按在我的头上，半天没动，最后深深地叹了一口气"。在整篇文章中，这是最接近家国忧虑的句子。这段话中的隐含意义学生理解起来很困难，老师们大都是以介绍背景资料为手段来让学生了解当时民不聊生的现实境况，既抽象又费解。其实，抛开时代背景，引导关注文本前面交代的几个细节即可让学生感悟得更深刻："街上的人都匆匆忙忙赶着回家""看见一个拉黄包车的坐在地上呻吟""地上淌了一摊血"。这三个文学细节传递了这样的信息：街上来往的人很多，难道黄包车夫的呻吟没有人听见？那一摊血也不可能没人看见。这意味着什么？人群匆匆走过，似乎别人的命运和他们没有任何关系。鲁迅所深深忧虑的是国民人性中的冷漠，这和当初鲁迅先生弃医从文时目睹街头围观杀人的麻木场景可以对接。而这样的文学表达上的关注，可放置在现实生活中进行对比，学生就容易近距离感受。如此，这些容易被忽视的语句才会产生惊人的力量，也才会借由文学作品关注时局动荡导致人群混乱无奈的情绪。比之抽象地讲解"黑暗统治""白色恐怖"更能带给学生震撼。这就是关注文学的价值指向，优秀的文学作品向来关注人性而非政治。略有遗憾的是，在六年级这个主题单元中，如果集中铺展鲁迅笔下五彩斑斓的童年画卷更令人欣喜。倘使将其余两篇更换成《朝花夕拾》中的精选篇章，譬如《从百草园到三味书屋》《阿长与山海经》之类，当是更能带给孩子童年记忆中的文学鲁迅。

因此，尊重文本其客观存在能给予我们重读更大的话语空间，而这种空间的维系点是在文学这个永恒的语文支点上的，如此才能"放学生到宽阔光明的地方去"。

四

萨特说："文学对象是一个只存在于运动中的特殊尖峰，要使它显现出来，就需要一个叫作解读的行为。"从这个意义上说，有了读者，才使作品有了真实的存在。因此，文本解读还有一个维度就是读者。存在主义哲学认为：文本是在解读中存在的。除此，只是一堆黑白符号的堆砌而已。在接受美学看来，文本一旦和读者发生关系而成为审美对象，就不再是孤立的存在，而是读者感悟之后的审美化了的形象。因此，文本的意义并不局限于作者的创作和作品本身，而是一个不断向读者开放的过程，读者不断积极参与作品的重构。《阅读学原理》指出："阅读是读者从写的或印的书面材料中提取意义或情感信息的过程。"德国美学家姚斯说："一部文学作品，并不是一个自身独立、向每一个时代每一个读者提供同样观点的客体，而是像管乐谱，读者不断在其中演奏出不同的回响，使文本从词的形态中解放出来，成为一个当代的存在。"这段话清楚地揭示了读者的重要性。对于任何一部经典作品来说，它更是具备了不同时代的读者不同阐释的可能性。作品越伟大，读者阐释的空间也就越大。基于不同的时代环境，参照系不同，审美眼光不同，作品呈现出来的意味和境界都会不一样。事实证明，许多伟大的作品都是在作者身后才被发现价值的。因此，从读者主体来看，这个维度的阐释空间最大。对于教材来说，教师和学生这两个读者同时存在，对于课堂来说，学生的主体性正在不断被确立。

王尚文指出："阅读教学实际上也是这样的一种碰撞，是两个生命体（作为人的学生和作为读物的教材）之间的碰撞。只有是触及从而改变读者——学生的生命活动、心灵活动的碰撞，阅读教学才能起到真正的作用。""在阅读教学中，教师不是把自己对某篇作品的感受、理解、体验传授给学生，学生就会有这样的感受、理解、体验的，教学不是告知、传授、赠送，而是设计导致学生产生某种感受、理解、体验的碰撞，让碰撞去产生它本身必然的效应。"学生的个体生命体验如何，对作品的解读和碰撞都不一样。重读的实质就是无论基于哪个焦点，都朝着学生当下的生命洞开。因此，前两个维度都是这个维度的一个有机组成，也是最终归宿。教师面对的语文永远是儿童的语文，接下来我们重点探讨基于学生这一本位的教材解读。

2002 版人教版四年级下册张志和的《渔歌子》，据文史学家考证是现今能够被查证的第一首词，是词的鼻祖。不但其地位特殊，而且这首词的艺术价值极高，开创了渔翁题材古诗词的多个经典意象，尤其是蕴含其中的归隐山林的意趣，令后人心向往之。我们不妨先从读者角度来解读。古人写词常以眼前景与心中景双合。景随心动者为上品。这一首《渔歌子》中的九个景象并非词人随意拼叠，而是用诗人慧眼精心过滤的。譬如首句"西塞山前白鹭飞"的"白鹭"。山前有白鹭，也可能有"燕子双双飞，杨花点点入"，也可能是"两个黄鹂鸣翠柳"。那么作者何意独独看见了白鹭？首先，白鹭有着俊秀的身姿，飘逸飞翔，若有若无。它们总在山间开阔的水面处飞翔，较少出现在人群热闹之处，这便和有着浓郁人间气息的燕子不同，是一种自然情怀的流露。再比如"桃花流水鳜鱼肥"。为什么不是杨花、梨花、菜花而是"桃花"？桃花不单是季节的点缀，更主要是归隐心态的追寻。"桃花流水杳然去，别有天地非人间""人间四月芳菲尽，山寺桃花始盛开""缘溪行，忘路之远近，忽逢桃花林"。诗中的鳜鱼仅仅是道具，或者说只是一个垂钓的借口，张志和更想钓的怕是眼前的青山，或者是钓斜风，钓细雨，钓桃花流水。再加上词中"青""绿""白""粉红"等色彩和谐，"飞""斜风细雨"等动静相宜，身处其间的渔人那份物我两忘的自在心境便跃然纸上。联系张志和的生平，我们很容易就得知，这是一首典型的归隐诗。但是，我们面对的是四年级的学生，这些归隐的符号一下子都没有了凭借的对象。那么，如何不谈归隐却同样让学生体会到那份自在的山水情怀，在学生能够理解的范围内做适度的解读呢？从词中所呈现的九种景物，我们不难看出，最能对接儿童精神气质的是"白鹭"，凭借"白鹭"的飞翔让学生自然地感受作者自由的心情是比较合适的解读。因此，学生本位的重读，需放下老师高高在上的权威，转而以学生的心智能够接纳的范围为限度。

儿童的语文以依托文本孕育儿童精神为旨归。在已有知识水平上对话，能够确保学生接受作品无障碍，在此基础上，向儿童生命发展敞开。老课文的经典在于其能为不同时代的儿童持续不断地提供精神给养，并在无数的生命成长经历中被证实。以二年级的经典课文安徒生的《丑小鸭》为例。这一则童话经历过全世界几代人的洗礼，其意义早已超越了一般的童话故事，站在孩子精神发育的角度，《丑小鸭》就是每个孩子成长秘密的解码。显然，从一出生到童年时期的丑小鸭，受到的伤害是从肉身到精神上的双重折磨。"谁都欺负他"，这是世界给他的全部印象。"咬他""啄他"是肉体上的折磨，"讨厌""追赶""讥笑"就是精神上的压迫。它们没打算弄死丑小鸭，而让他活着，却不给他活着的尊严和自由。显然，精神上的折磨远大于肉体的苦痛。童年的丑小鸭就像寄养在别人家自卑的孩子一样，他心里完全明白这种痛苦。于是，他钻出篱笆。"篱笆"是什么？是牢笼，是关着肉体的精神枷锁。丑小鸭的自我放逐遇到过许多挫折，有些甚至会置他于死地，比如冬天的寒冷。可是，即便如此，他为什么宁愿死也不愿意回到鸭窝？这是丑小鸭最大的生存悲哀，也是解读这篇童话的核心价值的关键所在。生命在他看来是重要的，同时又是卑微的。他渴望的是有尊严地活着，是不让亲人同伴讥笑地活着，他所遭遇的痛苦只为了精神站立的尊严。丑小鸭蜕变的本质就是在物质和身体的双重苦痛压迫下的精神蜕变。因此，二年级的小朋友在课堂上也会以自己的理解来质疑：丑小鸭无论在哪里长大，最后都能变成天鹅啊！这个问题恰恰涉及这个文本内涵。通过对作品的解读，我们让孩子感悟到：如果丑小鸭没有离开鸭窝，他的身体自然也能变成天鹅，但是，在精神上他只是一只长着天鹅模样的鸭子罢了。苦难和磨砺才是变成白天鹅的关键。童话的魅力在于虚构了一个可以让孩子折射自己灵魂的故事，让孩子在童话中成长，让他们在丑小鸭身上找到自己。从这个意义上说，每个人都曾经是一只丑小鸭，长大，总是被赋予了身体和生命的双重意义。

这个重读过程完全基于二年级学生的一个质疑。而这之前在老课文中，《丑小鸭》的定位是经典的儿童寓言，在新教材中也仅仅是定义为发现本质。这些都不够，发现者是儿童那双敏锐的慧眼。古希腊特尔斐神殿上雕刻着"认识你自己"，显然，学生借助优秀的作品可以认识自己，在作品中读到自己的映像。因此，课文成了学生在成长阶段自我寻找的重要突破口，但是，教材本身不会引领学生梯云直上，引领者是老师，老师带领学生在教材中和师生之间的多维度生命进行碰撞，解读的过程逐渐完成。老课文的使命担当显得比其他文本更重要。如果像老教材一样，把这些经典课文依然放置在"教"的这个层面，学生更多的只是接受信息。新教材以更亲和友善的方式拉近了和学生的距离，意图让学生循序渐进。

叶圣陶说："文学作品往往不是倾筐倾匣地说，说出来的只是一部分，还有一部分言外之意、弦外之音，必须驱遣我们的想象，才能领会它。"事实上，孩子的天性不一，任何解读都不可能完全满足不同学生的求知探索。因此，给予孩子一种文学作品的解读想象空间相当重要。文学作品中总有很多言有尽而意无穷的内容，这同样是语文必须赋予学生的自由。同样，王尚文先生在《语文教学对话论》中，诗意地阐释了学生与学生平等对话是保障这个空间的前提。我们看到，新版《语文课程标准》强调了学生的主观能动性。学生是学习的主体，对教材的解读，只有学生积极参与才能够有价值的实现。因此，学生本位归根结底是新教材中重读老课文最重要的本位意识，"旧貌换新颜"的过程需要儿童的天真思索和叩问。

以上三个维度是在新教材关照下的三个视角的探索。我们并不讨论三个维度之间的孰是孰非，而是根据这三个维度的指向，关注教材中的价值观取舍，而这是因教材、教师、学生等诸多因素的差异而变化的。我们旨在以多种维度的观照择其善者而从之，以期获得更加全方位的视野。然而，不管多么经典的老课文，其所要传达的文本价值最终都要通过课堂才能呈现，因此，学生本位维度很大程度上取决于学生本位课堂的呈现，只有符合孩子精神发育的课堂教学，才能够准确地将文本的思想传递。所以，对于老课文的新发现最终指向了新教材的课堂重构，唯有课堂才使得所有的解读有了存在的意义。

五

余光中先生在《听听那冷雨》一文中这样说道："大漠西风塞北，杏花春雨江南，六个词，便是那片土地在里面了。无论赤县也好，神州也好，中国也好，只要仓颉的灵感不灭，美的中文不老，那形象，那向心力当必然常在。因为一个方块字便是一个天地，太初有字，于是汉族的心灵，祖先的回忆便有了寄托。"这段话很诗意，却实在道出了我们共有的一个语文情结：中国的文字是有根的。汉字是世界上唯一具有音意表象功能的文字，从象形字开始演变的汉字，从一开始就试图以抽象的符号表达具象的世界。从第一堂语文课起，山川河流、草木虫鱼，在一撇一捺、牙牙学语中烙印下祖先的智慧。因此，语文教学以语词的运用艺术为起点，应是一个常识。在此基础上，引导学生关注语词的内涵和外延，以及在一个具体的语境中所呈现的意义。基于汉字的特征，一个字，往往就是一个故事、一种姿态、一种行为、一种情致，同时也是生命智慧的浓缩，独有其风骨和神韵。用宗白华先生的一句话来说就是："汉字是有筋有骨有血有肉的生命单位。"

反复入选的老课文，是文字运用的典范，是作家灵与肉、气与血和客观事物通过文字化合而成的产物。正因为它比一般作品更具有语言高度艺术化的表达，因此，更需关注作品内在的构成。课堂教学的建构，自然需深入研究字、词、句的运用艺术，关注具体的语境中所呈现的风貌。在课堂上，引导学生细微触摸文字的敏感，是语文课的基本责任。孙绍振先生说："文本解读不但包含宏观主旨把握，还包含微观分析，这方面又相互交融，尤其是微观分析，不但要有具体问题具体分析的功夫，而且彻底分析是无穷无尽的，是智慧的尖端，是生命的高峰体验。"因此，关注语言的表达，是经典老课文课堂重构的价值回归。而这，在以往宏大思想观照的课程观中是忽略的，老师们执行着一种思想意志，抽离了课文的语言情态，忙于概括并提升课文的思想主旨，大都给学生留下一个粗糙的整体感知，掩盖了经典课文的魅力。

因此，在新的课程视角下，确立语言的本体价值，培养孩子对语言文字的敏感，对文本内在韵律节奏的敏感，对文章行文布局的敏感，是语文课的基础性工作。大量的阅读告诉我们，正是这些语言细节的运用艺术，才使得老课文更具有历久弥新的力量。

《秋天的怀念》是已故著名作家史铁生的散文名篇。文章简约含蓄，语言细腻充盈，情感韵味深长，字里行间无不洋溢着深沉的母爱。为了呈现这部优秀文学作品蕴含的内涵和张力，笔者在教学此文时，便以"探究母爱细节"作为阅读教学层面的主线,过程简约,<u>丝丝入扣</u>。由于作品前两个自然段主要是"母亲"和"我"的生活场景再现,因此,教学时,只抓住了"你从哪<u>些</u>描写母亲的细节上感受到母爱的力量"这个问题来贯穿对这两节的赏析。用"设置冲突,激化情感"的方式来烘托主题,短短一节课时间里形成一个具有与场内所有人生命洞开对话的磁场,使学生得到情感的真切共鸣。

以下是一段课堂实录:

师:通过阅读,你一定有所发现,是什么力量使他走出这六年的痛苦的?

生:母爱的力量。

师:你能从哪些描写母亲的细节上感受到母爱的力量?

生:"母亲扑过来抓住我的手,忍住哭声说:'咱娘儿俩在一块儿好好儿活,好好儿活……'"

师:她为什么要忍住哭声?

生:因为她不想把自己的悲伤带给儿子,让儿子跟着自己一起痛苦。

师:"扑过来"的动作幅度很大,而前面总是在说这位母亲"偷偷""悄悄",为什么会有这样大的变化?

生:"扑过来"表明母亲极其担心自己的孩子,在危急关头挺身而出。

师:这是不顾一切的母爱。

生:我还从"她侍弄的那些花儿都死了"可以看出,母亲非常喜欢花,但为了自己的儿子,她宁可放弃自己最喜爱的花。

师:多么无私的母爱啊!

生:我从"她忽然不说了。对'跑'和'踩'一类的字眼儿,她比我还敏感"可以看出这位母亲非常爱自己的孩子,经常把孩子的伤痛记在心里,又小心地保护着儿子。

师:不想揭开最痛的伤疤,小心翼翼地放在自己的心里。

生:"母亲进来了,挡在窗前:'北海的菊花开了,我推你去看看吧。'"母亲总是千方百计让儿子走出痛苦。我从这句话中看出这位母亲不想让儿子看到窗外的落叶而伤心。

生：我还能从"挡"字上看出这点。

师：我们也能从这样细微的动作中走进这位母亲的心灵世界。

生：他的内心正像落叶一样失落，而菊花让人振作。

师：那为什么一定要去看菊花呢？北京有那么多地方可以去散心啊。

生：菊花是生命力非常顽强的花，在寒冷的秋天绽放，她想让儿子像菊花一样勇敢坚强。

……

　　王尚文先生指出："文学作品的阅读教学首先就是要让学生的心灵受到作者情的触动，让具体的文学形象掀起学生内心的情感波澜。"这种"情"有色彩，有声调，有形象，有线条。课堂阅读就是唤醒学生情的萌动，获得进入作家文本秘境之后的一种体验。这种"情"的力量强大到可以穿越自己并未经历过的生活而能感同身受。经典的课文总是能使师生"动情"地进入这样一个状态。而这一连串触动学生情怀的"色彩、声调、形象、线条"是许多语言细节的连缀。镶嵌在文本中的语言细节仿佛一串钥匙，层层开启文本的大门。因此，可以说，细节就是文本的呼吸。文本细读，在我看来，更重要的是关注语言细节所传达的或细微，或精准，或宏大，或开阔的文学景致。语言细节赏析是阅读教学的重要视点，它能引导学生深入文本挖掘其容易被忽略的内涵，引导学生触碰到文本的血肉脉搏，比之传统意义上的块状阅读更为细腻生动，也更能激活宏观情感的把握。捕捉细节，就是捕捉到语言的特质，强化细节意识就是在强化学生关注课文的内在表达。对于老课文的焕然新生，这样的师生共同在场的文本细读无疑是一个很好的课堂架构方式。

　　史铁生的作品就是列夫·托尔斯泰所言的"用自己的痛苦燃烧自己并点亮别人"。同样，列夫·托尔斯泰的经典名作《穷人》，也是一个鲜明的例证。诸如这样的经典老课文，已经成了小学语文教材中的文本典范。但是，在过去的课堂上，我们甚少能发现以语言表现为关注的细节教学，当我们具备了这样的意识再来关注这些老课文的时候，它们隐藏在文本间的亮光便逐一呈现。

在课文《穷人》中，有一段容易在教学中被忽略的文字，是关于邻居西蒙的。由于主人公是桑娜，老师们在执教此课时都着力把握桑娜抱回孩子前后的神态、动作及心理的细微变化。事实上，邻居西蒙死前的一段描写同样值得关注，并且，这是文章细节描写异常动人的段落："屋子里没有生炉子，又潮湿又阴冷。桑娜举起马灯，想看看病人在什么地方。首先投入眼帘的是对着门放着的一张床，床上仰面躺着她的女邻居。她一动不动。桑娜把马灯举得更近一些，不错，是西蒙。她头往后仰着，冰冷发青的脸上显出死的宁静，一只苍白僵硬的手像要抓住什么似的，从稻草铺上垂下来。就在这死去的母亲旁边，睡着两个很小的孩子，都是卷头发，圆脸蛋，身上盖着旧衣服，蜷缩着身子，两个浅黄头发的小脑袋紧紧地靠在一起。显然，母亲在临死的时候，拿自己的衣服盖在他们身上，还用旧头巾包住他们的小脚。孩子的呼吸均匀而平静，他们睡得正香甜。"以桑娜为主人公的课文，这段在课文中占据重要篇幅的文字究竟要表达什么呢？

我们同样以一段课堂实录来还原这段细节的价值：

师：当桑娜来到她的邻居西蒙家，打开门的时候，她看到了什么？

生：看到了西蒙已经死在床上，而两个孩子睡得正熟。

师：是的。请同学们仔细地读一读这段文字，尤其关注文章描写西蒙的细节和孩子的细节，比较一下，你有什么发现？（学生阅读后，交流）

生：我发现这段文字中这两处的描写是一组对比。

师：具体说一说你发现的对比。

生：孩子是"卷头发，圆脸蛋"显然看上去很健康，而死去的西蒙却是"冰冷发青"。

师：对此，你有什么想说？

生：西蒙在死前很有可能是饿死的，或者是冻死的，而孩子虽然"蜷缩着身子，两个浅黄头发的小脑袋紧紧地靠在一起"，但也许，并没有像西蒙那样忍受饥饿。

师：很厉害，就像这位同学一样，从文中的细节描写上读到更多的发现。谁继续来补充？

生：我从"孩子的呼吸均匀而平静，他们睡得正香甜"这一处细节和母亲的"苍白僵硬"比较看出，孩子即使在这样的饥寒交迫中，却并没有受到伤害。

师：这一切，刚进门的桑娜看懂了吗？

生：看懂了。

师：各位从刚才的细节比较上，发现了西蒙在死之前照顾好了两个孩子，但是，她似乎还有一件重要的事情没有做。

生：是没有来得及将孩子托付给桑娜。

师：这是你的想法，你从哪里看出这一点？

生：我从"一只苍白僵硬的手像要抓住什么似的，从稻草铺上垂下来"这个细节看出，也许西蒙很想挣扎着完成这个愿望。

师：你很会读书，请同学们一起来关注这句话。（屏幕重点出示）读一读，也许，你从这双手上能读明白更多。（生读）这双手究竟要想抓住什么？

生：我觉得很有可能是她拼着最后的力气帮孩子盖好了被子。

师：有可能，她还是想抓住孩子。

生：我觉得她是不甘心死去的。

师：哦？说说你的理由。

生：因为书上前面说西蒙是寡妇，那么，对两个孩子来说，她如果死去，就意味着孩子可能无法生存。

师：刚才有同学猜测她似乎想去敲桑娜家的门，你觉得呢？

生：我觉得不可能。

师：为什么？

生：因为她也知道桑娜家和她家一样穷，同样是穷人，她不能去增加别人的负担。

师：你感受到了穷人的另一种善良。这样看来，这双"像要抓住什么似的"手就成了一个无奈的动作。

生：也许，她是想抓住上帝。

师：精彩！你说。

生：她无法改变命运，只能这样期待。

师：也许是感动了上帝吧，这个时候，请注意，是孩子还睡得很香甜的时候，上帝派来的使者——桑娜来了。你们刚才体会到的，桑娜看着这一切时，明白了吗？

生：她一定是明白的。

师：因此，这个时候的桑娜不是看到了一个死去的邻居，而是看到了——

生：而是看到了一个母亲。

师：是啊！这分明是一个母亲看到了另一个母亲！而这个死去的母亲，足以令桑娜感动，并不假思索地做出了一个重大决定，是什么？

生：将两个孩子抱回家去抚养。

……

这段课堂教学着力抓住语言细节，引导学生关注桑娜眼中的西蒙，并以一个重要的细节"像要抓住什么似的"努力还原了西蒙作为一个母亲的最后挣扎。这双手能完成盖暖两个孩子等动作，却为什么没有到隔壁桑娜家求助？这双力图抓住命运的手，对于桑娜毫不犹豫救助两个孩子的动机以及对于桑娜同样的穷人群体的善良品质有着重要烘托作用，并将"穷人"扩大到一个社会现实，也将"穷人"的善良品质扩大到一个群体共有的朴素愿望。这对于下文解读桑娜的"忐忑不安"起到了决定性的作用。可以说，读懂这段细节描述，才是学生读懂整篇文章的关键。细节，是文本的呼吸，它常在行文之中令你忽略它的存在，然而一旦抽离，即气息不畅，因此须臾重要。

一代语文宗师叶圣陶先生说过："作家写作，往往斟酌又斟酌，修改又修改，一句一字都不肯随便。无非要找到一些语言文字，意义和情味同他的旨趣恰相贴合，使他的作品真能表达他的旨趣。"经典的老课文之所以在教材更迭的浪潮中依然保持着恒久的价值，也正因每一篇都是"语言文字"与"情味旨趣"共生的佳作。因此，教学这些文章，关注文本细节，回归语言本体，是激活老课文经典价值的一把钥匙，使其脱离附加在它们身上过多的历史符号，脱离"沙皇的黑暗统治""资本主义制度的黑暗"等如此抽象而不切实的标签，使学生受到更多语言的熏陶，从而更贴近文学的本来面目。

六

现行苏教版国标教材编入了作家刘绍棠的《师恩难忘》，这篇文章，以诗意的笔调回忆了作者小学一年级的情景。在那所"四个年级一个班"的乡村小庙里，田老师把"一去二三里，烟村四五家。亭台六七座，八九十枝花"这首数字小诗编成了故事，娓娓道来，令作者终生难忘。这篇课文还有另一个名字《老师领进门》，文章中有这样的一句话："谈起往事，我深深感谢他在我那幼小的心田里，播下了文学的种子。"一首小诗，几个故事，成了一个作家的文学启蒙。这扇门，开启了一个人一生的文学之路。有意思的是，这首小诗，现在成了人教版一年级的第一篇《识字》，启蒙着一代人的语文历程。

不必争论小学语文和文学教育的轻重关联，如果将一生的语文学习比作一段旅程的话，小学无疑是文学启蒙的发端。这颗种子可能播种在识字教学中，譬如："春回大地，万物复苏。柳绿花红，莺歌燕舞。"谁能说这几个成语中没有色彩斑斓的文学？它也可能播种在谜语《画》中，谁能说"远看山有色，近听水无声"不是中国古典文学最精致的表达？文学是什么？文学是有一定的美育修养的作家呈现的一种文字倾诉，是一种艺术化的语言媒介。朱光潜说："文学是一种与人生最密切的艺术。"文学，相对于一般的文字作品而言，是从内心观照和情感出发延伸到外部世界的一种艺术。它不缺乏其他艺术的表现手法，甚至更能完满地再现叙述者情感的起承转合、情致心绪、思想转变等动态过程。它是以文字为载体的艺术，因此具备了独有的表现方式和生命情态。更精确地说，文学，是一个人心灵的故乡。中国近现代语文教育曾有过几次大讨论，曾一度引发以语文的经世致用而去文学化的两极思潮。语文课一旦偏离文学的朝向，语文课堂就会失去灵性的滋养，失去丰美的想象，失去人类亘古传承的诗意仰望。

《语文课程标准》总目标明确阐述："学生在九年义务教育阶段能初步理解、鉴赏文学作品，受到高尚情操与趣味的熏陶，发展个性，丰富自己的精神世界。"显然，培养文学审美和鉴赏能力也是《语文课程标准》一以贯之的要求。而我们所着眼的经典老课文，它们一度是璞玉浑金，长期被"符号化"，如《小音乐家扬科》被简单地概括成"在资本主义社会，穷人的孩子没有可能实现愿望"；或长期"工具化"，顾及遣词造句、框架结构、表现手法等外在的"毛"，却忘记了更里层的"皮"，甚至内在的文学"肌理"。"皮"之不存，"毛"将焉附？文字的运用和文学的熏陶并不可能完全脱离，它们始终是相互依存在文本之中的，却常被执教者因某种观念而在教学过程中生硬割裂。因此，重拾课堂的文学启蒙，引导学生关注语言文字表达背后的文学关怀，是老课文焕发文学光辉的重要取向，符合课标阐释的语文价值观，不但不相悖于语言文字基础性功用，而且是其更高层面的引领。

《语文课程标准》中的"熏陶"一词，表明了语文教学本质上是一种师生共同参与的审美活动，应通过阅读与鉴赏使学生充分感受到作品的美。这是语文学科本质上区别于其他自然学科的地方。这种美是一种情感的融通再现。经典的老课文所代表的文学作品就是一个美的世界，诸如《鸟的天堂》《月光曲》等那些为几代小学语文教师喜闻乐道的经典佳作无一不是如此。它所起到的作用是净化心灵、陶冶情操。曹明海教授鲜明提出："语文教学就是一种陶冶性教学。"对课堂教学文学意识的强化根本上还是依于教学过程的审美再现。审美化的教学利用人共有的对美的认同，通过课文引导学生参与美的体验，从而提升学生的人文素养。有别于一般语文阅读教学的是，审美化的教学追求更关注学生的心灵润泽，而不只是认知性语文教学单纯技巧性的文字运用。课标强调语文教学要"培养高尚的审美情趣和审美能力"。这就为新一代的教材定位指明了一个更高的方向。叶圣陶先生早年也提出"培植学生的审美能力，是语文教学的明晰目标"。出色的文学作品都是人类高层次的情感再现。而要获得这种切身感受的审美教学，最贴切的教学方法就是体验。确切地说，美的存在是人心灵的映照，只有靠人自我的体验才能感知。把作品中和读者完全不相干的情境通过人内在具有共通的感觉移植过来置换到自己身上，称之为体验。语文教学上，这就是叶圣陶先生所说的"切己体察"。审美体验的教学就是如王国维在《人间词话》中所说的"诗人对宇宙人生需入乎其内，又须出乎其外"。执教者亦复如此。"入乎其内"就表明体验具有同一性。小学生的人生阅历和阅读经历都不算丰富，但是，感觉却是人的本能，能够穿越一般意义上的认知，相对比较接近地理解。"出乎其外"其实就是在同一性认可之后的自我独立感悟，是文学作品阅读的再创造过程，这个过程即是文学的启蒙过程。

我们以苏教版第十册的《月光启蒙》为例来谈一谈，如何以体验和感悟为主要的教学手段引领学生走进文学作品。《月光启蒙》是著名诗人孙友田的一篇儿时回忆文章，是目前小学语文老师经常选作公开课的经典范本。孙友田回忆幼时母亲在月光下用歌谣、神话、谜语等民间语文对自己进行启蒙教育，深挚地表达了对母亲养育启蒙之恩的追忆和怀念。文章充分地展现了一个文学的诗意世界。这篇优秀的文学作品有一个十分重要的，但学生一下子很难明白的一个句子："她用甜甜的嗓音深情地为我吟唱，轻轻的，像三月的和风，像小溪的流水。小院立即飘满了她那芳香的音韵。"通过分析，这一句既是作者对小时候母亲印象的定格，又是最能体验"月光启蒙"韵味的句子。然而，这个句子中"芳香的音韵"是学生很难用言语表达的一种感觉。此句采用文学作品中常用到的"通感"艺术，把味道和声音奇妙地混合在一起，传神地再现了当时作者把一切都融入母亲歌声之后的感官多重复现，使得记忆中的母亲形象始终伴随着一种独特的声音和味道。这一句的教学因此成了这篇文学作品的核心关键所在。笔者在教学时就是抓住了"芳香的音韵"，从而逐层引导学生进行情境体验的。

（1）入境——感受童年夏夜的美

师：我们来交流一下，你从哪些地方感受到这"芳香的音韵"？

生："暑热散去了，星星出齐了，月亮升起来了，柔和的月色立即洒满了我们的篱笆小院。这是孩子眼里最美的时辰。"这个句子说明孩子很期盼这个时刻。

师：能不能具体跟大家说说？

生：我觉得在这样一个很美妙的月夜里，母亲即使不做什么，光陪着都会让孩子觉得很开心很快乐，所以就是母亲唱起来的声音都会让孩子感觉是芳香的。

师：嗯，这个月夜似乎已经把白天的焦躁都去掉了。想象一下，这样美好的月夜，是一幅怎样的画面呢？

生：月亮升起来越过了篱笆，母亲在院子里做点农活，边上还有一只狗。

师：啊，篱笆和狗，典型的农村场景，还有吗？

生：从远处传来夏天虫子的鸣叫，还有母亲轻轻地哼着小曲。

师：有了声音，画面显得一下子活了。

生：原来天气应该很热，但是母亲唱歌让他感觉暑热都散去了，然后自己也好像融入了这个环境里。

师："融入"这两个字说得真好。正是这样如画的夜晚，所以作者才说这是最美的时辰。其他同学对这一句还有不同的感受吗？

生：我觉得"暑热散去了，星星出齐了，月亮升起来了"是一个排比句。

师：好，留意到了句子的表达形式。独特的表达能带来独特的味道。读一读，这样的表达给你带来怎样的感觉？

生：（读）感觉写周围景色的时候非常传神，很生动地写出了夏夜美好的景色，读着有一种渐入佳境的味道。

生：我感觉这个排比句还有一种诗歌的味道。

师：说得真好。一个普通的夏天夜晚，我们随着歌声穿越了时空，感受到了那份独有的音韵。那我们就连起来把整句都读一读。

……

（2）入韵——感受歌声童谣的美

师：是的，置身于这样美好的夏夜，耳边听着母亲轻哼的歌谣，那是多么温柔的夜晚。我们也一起来读一读这些歌谣。（众生读歌谣）

师：感觉怎么样？

生：很押韵，就和小时候读过的儿歌一样。

师：这两首歌谣有什么共同的地方？

生：都有"月"。

生：都表达了一种美好的愿望。

师：你从哪里看出来的？

生："……先盖瓦屋后盖楼……"

师：那就让我们一起穿越时空，回到当年的明月下，听一听这动人的歌谣吧！

（播放哼唱的歌谣）

师：有什么感觉？

生：确实是很甜美的，不但歌声美，而且感觉在这样的月光下，这歌声似乎能传得很远。

生：也传进了作者童年的心里。

……

（3）入情——感受母亲圣洁的美

师：这"芳香的音韵"难道是仅仅来自于这静谧的月夜和动人的歌谣吗？你还从哪里也感受到这芳香的音韵？

生："她用甜甜的嗓音轻轻地为我吟唱，轻轻的，像三月的和风，像小溪的流水。小院立即飘满了她那芳香的音韵。"这个句子让我突然想象到了母亲搂着孩子，很深情、很投入地唱起歌谣的情景。

生：我觉得母亲唱出来的歌谣让一切变得很平静、很柔美。因为三月的和风，吹在身上肯定觉得很舒服。小溪的流水就是潺潺的，很柔美。三月的和风跟小溪的流水仿佛让一切的烦恼都没有了，只剩下平静和快乐。

师：很富有诗意的表述。你选择了"三月的和风"和"小溪的流水"，对此，谁还想补充？

生："三月的和风"和"小溪的流水"都很温柔，"芳香的音韵"也是如此，歌声像花一样非常芳香。

师：很敏锐。这可是在夏天啊，作者怎么会想到是三月和小溪呢？

生：母亲的歌声就像春风拂过，小草绿了，树叶也发芽了，有一种万物复苏的感觉。

师：母亲的歌声是春风，那小草呢？

生：童年的我，还有这歌谣，正如春风化雨一般。

师：确实如此，读书有感觉了，文字都活了。（生读）还从什么地方让你感觉到"芳香的音韵"了？

生：我从"甜甜的""轻轻的"和前面"柔和的月色"联系起来

看的。就说在柔和的月色下，轻轻地唱着甜甜的童谣，给作者一种梦境般的感受。

师：所有的一切童年的苦痛仿佛被月色滤去，只剩下纯净的美。这个句子似乎已经不是一个普通的句子了。

生：而是一幅画。

生：而是一首歌。

生：而是一首诗。

师：是的，这就是一首散文诗：（屏幕出示变体小诗）

她用甜甜的嗓音

深情地

为我吟唱，

轻轻的，

三月的和风，

小溪的流水。

小院立即飘满了

她那

芳香的音韵。

（众生读，指名反复读、配乐读）

师：现在，感受到什么是"芳香的音韵"了吧？

生：我仿佛看到了夏日皓月当空，一旁静悄悄的，母亲一边搂着我，一边唱着动听的歌谣，我如痴如醉，而母亲也仿佛沉浸在她自己的歌谣里面了。

师：同学们，此刻你还分得清这芳香的音韵是来自于月夜歌谣还是母亲的嗓音吗？

生：都已经融合在一起了，都不能分清楚。

生：这芳香的音韵就是作者童年的味道。

师：是啊，所有的一切都在这个夏夜融成一种感觉，这种感觉就是芳香的音韵。那我们就一起来把这芳香的音韵读出来吧！（生投入朗读）

　　以上节选的三个片段，真实地还原了文学作品的审美体验教学。第一步"月夜的温馨——感受童年夏夜的美"是从环境入手，让学生对月夜情境有了初步感受。学生从句子的表达方式入手，通过朗读体会到文字音律的美，通过想象还原了当时如画的情境。这恰是作者在童年经历过歌谣启蒙的文学再现。这是"入境"。第二步"语言的芳香——感受歌声童谣的美"，真切地聆听、朗读，感受歌谣的节奏美。这是"入韵"。第三步"母爱的启蒙——感受母亲形象的美"，大量的想象说话、感觉迁移，打通了"听""说""读"的多种感官，不说"通感"，却将"通感"呈现于课堂。学生逐步感受到这就是童年的味道，这就是记忆中母亲的味道。这是"入情"。为了加深这种离学生较为遥远的体验，我适时地加入了当时的画面、母亲所唱的歌谣和音乐，让学生在意境中与作品浑然一体，切实在课堂上体验到文学作品语言的"芳香扑鼻"。如此，即使再遥远的作品都宛如在眼前，在身边。对于这样的文学作品，传统教学的分析语句将使其支离破碎，无法形成完整的意象，也感受不到诗人文字的气息。

　　叶圣陶先生将文学鉴赏解释为"观"，要求读者身入其境地用整个的心去感受。它是整个的心理活动，是"真实的受用"，是"咀嚼细尝"，不同于一般的表面的感知了解，这是一种很精到的认识。只有全身心地投入作品之中，调动主体的一切内存与作品进行交流，才能真正领略文章的奥秘。阅读即体验，体验即意义。没有读者的体验，作品本身就失去了价值。文学作品的阅读教学既是师生共同的体验互动，也是情感和心灵的对话过程。具体在教学时，我们发现，恰当地把握审美体验点，是教学突破的关键。学生的感知瓶颈往往总是在找到合适的体验点之后才会牵一发动全身，思维豁然洞开。很多的经典老课文都是上好的文学作品，因此都有情绪审美点。譬如，教学《荷花》时，王崧舟老师通过"冒"这个动词引发孩子体验荷花的各种审美感受；教学《白杨》时，白杨的"高大挺秀"显然是触发孩子从外在形象到内在品质的体验切口。

　　当然，不同的课文，教学过程中的体验维度是丰富多样的，可以是语感体验、情感体验、情境体验等。越是经典的文章，越包含着不可言说的美。譬如老课文《月光曲》中，关于"月光曲"内容的描述和皮鞋匠情绪的变化完美地融汇在一起，学生很难用语言表达；譬如朱自清的经典名篇

《春》，如何将那种生机勃发的感觉言说出来，也是课堂教学的难点。因此，遭遇具有作家独特体验的美文时，让学生在作品中"设身处地"地游走一番，激发学生内在的审美情绪，这样的教学即是成功的。除此之外，在自身经验不足的情况之下，还要努力调用学生的想象。孩子天生是想象的天使，借助想象，能够再造出作品文字所提供的形象、意象、意境。叶圣陶先生说："作者在作品中所描写的，有些是生活经验，有些是想象所得。我们的生活经验与作者不同，不能一一从生活经验去领会作品，所靠的大半是想象。对于作者的想象的记录固然要用想象去领略，对于作者生活经验的记录也只好用想象去领略……我们鉴赏作品，最大目的无非是接受美感的经验，得到人生的受用。要达到这个目的，不能够拘泥于文字。必须驱遣我们的想象，才能够通过文字，达到这个目的。"可以看出，引导学生进行审美体验在一些经典课文的课堂教学中是多么的重要。学生的感觉开始朝向生命体验洞开，而这，才是文学启蒙的要旨所在。

七

王尚文先生认为："真正的教学与其说是教师与学生的相遇，还不如说人与人在教学中的相遇。"因此，从根本上说，教学的本质是人与人主体间的交流，而教材，是交流的重要媒介。在老课文的重构立场，我们已谈及的对"语言"和"文学"的双重回归，都是基于一个人成长的路径，最终，它必将指向更为宏大的文化建构，指向人的精神成长。一篇经典的课文，其根本的力量来源于对生命内在的关切。我们在《月光曲》中读懂了艺术的情怀与知音，在《丑小鸭》中看到了成长的苦难与蜕变，在《小音乐家扬科》中目睹了人性的困境和天才的遭遇……优秀的文学作品，从根本上来说是其焕发出生命的光芒照亮了孩子的成长。语文指向的是文学之上的诗性关怀。这首诗，是潘新和先生在《语文：表现与存在》中说的"文学教育首先要承担起诗意人生教育的使命"；这首诗，是钱理群先生说的"语文的文学性对青少年有着更富感染的力量……语文教育是通过文学教育给人建立一种精神底子"；这首诗，是王崧舟先生说的"语文是尊重学生的精神诉求、满足学生精神诉求的诗意呈现"；这首诗，就是高尔基说的"人学"。没有自我精神关怀的语文生活不值得一过，没有儿童精神关怀的语文课堂不值得探讨。无论是语言的实践、知识的传承还是思想的启迪，最终都是为了建构儿童的生命诗。"读写听说"是语文的基本工具性，然而，怎么听别人说话？怎么说话？读什么书？用什么态度去写？就关乎人的精神生活，所以语文的工具性与精神活动不能割裂。语文教师应具备这样一种清醒认识：我们的语文课是为孩子生命成长奠基。靠什么奠基？就是一篇篇包孕人类情感和智慧的文学作品，我们的语文课始终保持着一种人类良善的精神朝向。靠什么朝向？就是几代人传诵的经典。

从现代小学语文发展历程看，语文课对于儿童精神的发展，近年来开始引起一线老师的关注。当下儿童精神世界的普遍匮乏，已成为一个令人担忧的社会现象，其中一个原因就是我们在课堂上没有通过教材建构精神。以小学语文教材引进的儿童经典课文为例，在一定的历史时期，存在着普遍的误读，教参的建议直接影响着课堂的话语方向，影响着学生的价值判断。接下来，我们不妨以经典老课文《卖火柴的小女孩》为例，详细探讨其价值流变及文学精神重构。

《卖火柴的小女孩》最早见于 1919 年的《新青年》杂志，是周作人翻译到国内的第一篇安徒生童话作品。作为童话，她的经典价值毋庸置疑。从 20 世纪 60 年代至今，历代教材，不同地方版本，几乎都有入编。这是中国最家喻户晓的童话代表作。不过，也正因流布广泛，因此，其解读也似乎变成共识，课堂更是在一种指导思想下的翻版。近年来，由于文本细读意识的深入，很多专家和特级教师也对这一则童话做了一些新的阐释，沈大安先生的解读是其中的代表。作为教材的长期编撰者，最可贵的是，他提出了对过去教参建议的反思："《卖火柴的小女孩》在相当长的时间里是作为一个阶级教育忆苦思甜的范本来读，被贴上揭露了资本主义社会的罪恶的标签，这不仅不符合作家创作这篇童话的本意，而且使得这个内涵丰富的童话变得简单化和概念化，削弱了安徒生作品人文精神的力量。"同时，他指出，这篇童话的更高文学价值是，它教会了我们对待困窘和艰难的一种人生态度。显然，这对于当下语文老师如何面对经典课文提出了新的见解。

《卖火柴的小女孩》是苦难与高贵的融合。这个最不像童话的童话指向了人生的信仰。从这个童话开始，安徒生这个"被上帝吻过的人"具备了悲悯的情怀，笔尖却朝向冰冷的现实。他要表达最幸福的渴望、最温暖的愿望和最永恒的希望，而他要描述的却是彻底的贫穷、彻底的寒冷和彻底的绝望。这两种看似强烈反差的两个极端却在这篇童话中完美地融合，这就是经典的价值。然而，这种文学化的对比手法赋予的精神内涵学生显然是无从所知的，因此，我们有必要站在课堂的角度作进一步的深入探索，即如何通过课堂教学的构建，实现儿童精神的指向。

以下是一段课堂实录：

第一课时："冷"

师：让我们一起走进课文，从1~4自然段哪些字词句上，大家能具体感受到小女孩在那一个夜晚"冷"得可怜？（生读）

生：我从"天冷极了，下着雪，又快黑了。这是一年的最后一天——大年夜。在这又冷又黑的晚上，一个乖巧的小女孩，赤着脚在街上走着"这一句感受到的。这是一个下着雪的冬天，一到夜晚更加显得寒冷，而且小女孩还赤着脚。

师（板书：又冷又黑）：你关注到了时间，而且，这是一个特殊的时刻。

生："大年夜"，大家都在聚餐，而她在街上，感觉就更孤单、更冷了。

师：好。能读出你的感受吗？（生读）你为什么会用这样一种舒缓的语调朗读？

生：我觉得小女孩一定是走得很慢，而且天寒地冻，她确实也走不快。

师：请同学们也和这位同学一样，来关注一下这句话："天冷极了，下着雪，又快黑了。"完全可以用一句话说完，为什么用短句来表达呢？试着读一读，有什么新的感受？（众生练习）

生：我觉得这样的表达从一开始就给人一种悲伤的感觉。

师：哦？能读给大家听吗？（生读）我们确实从你的朗读中感觉到了冷，这就是文章的节奏，从一开始就定下了基调。其他同学，还从哪里也感受到了"冷"得可怜？

生："小女孩只好赤着脚走，一双小脚冻得红一块青一块的。"我从这一句上读到她不仅冷，而且是非常冷，要是我们，可能早就受不了了。

师：你谈到了自己的感觉对比。而且，从她冻的情况看，她走了多少时间了？

生：冻成这个样子，一定走了很长的时间。

师：那是刺骨的寒冷，把你觉得冷到心里去的词语读出来。（生读，强调了"红一块，青一块"）

生："她在一座房子的墙角里坐下来，蜷着腿缩成一团。"我从这句上读到小女孩冷得可怜，以至冰冷的墙角这时也成了避风的地方。

师：也或许是因为听着屋内的欢笑声令她稍感安慰。

生：我觉得屋内越高兴，她就越寒冷。

师：很有水平，你是个会读书会思考的同学。还有吗？

生："她又冷又饿，哆哆嗦嗦地向前走。雪花落在她的金黄的长头发上，那头发打成卷儿披在肩上，看上去很美丽，不过她没注意这些。每个窗子里都透出灯光来，街上飘着一股烤鹅的香味，因为这是大年夜——她可忘不了这个。"从这段话中的"又冷又饿"可以看出，她不仅是外面冷，由于没有东西吃，她身体里面也冷。

师（板书：又冷又饿）：用一个词语来说，这个时候的小女孩是"饥寒交迫"。这一段你还从哪些地方读到冷？

生："每个窗子里都透出灯光来，街上飘着一股烤鹅的香味，因为这是大年夜——她可忘不了这个"整条大街都是团圆的感觉，能闻到烤鹅的香味，她实在是太可怜了。

师：你们知道在西方一年中最重要的是什么节日吗？

生：圣诞节。

师：对我们来说，就是中国的除夕夜。去年的那个夜晚，你们是怎么过的？

生：全家人先吃年夜饭，饭后有压岁钱，还有喜欢的礼物，还可以一起收看春节联欢晚会。（多人想象，略）

师：是的，这就是我们的大年夜。哪怕我们不是山珍海味，至少也是一家人其乐融融。那么，我们的小女孩呢？这一夜，你看到了什

么？（生略思考）

生：我心情很难受，眼前总是出现着小女孩的身影，她独自一人在街头卖火柴，大雪纷飞的大年夜，雪花落下来，如此美丽的小女孩，却不敢回家。（多人想象，略）

师：冷，冰天雪地的冷，里里外外的冷。除了这"冷极了""又冷又黑""又冷又饿"，你还从哪里感受到卖火柴的小女孩的可怜？

生："她不敢回家，因为她没卖掉一根火柴，没挣到一个钱，爸爸一定会打她的。再说家里跟街上一样冷。"这里说明小女孩的家里很穷，她有家，但和没有家一样。

师：同学们，仔细读一读这个句子，你觉得这个冷和上面说到的"又冷又黑""又冷又饿"一样吗？

生：我觉得不一样，她毕竟是有家的，只不过，因为爸爸要打她，她不敢回家。

师：这是一种怎样的"冷"？

生：这是冷漠，连家里人都不关心的冷。

师：是的，不是没有爸爸妈妈，不是无家可归，而是有家不想回。

生：我还从一个句子上也体会到了冷漠。"她的旧围裙里兜着许多火柴，手里还拿着一把。这一整天，谁也没买过她一根火柴，谁也没给过她一个硬币。""她在穿过马路的时候，两辆马车飞快地冲过来，吓得她把鞋都跑掉了。"我觉得人们没有一点同情心。

师（板书：冷漠）：你从这一句的哪些字上能鲜明地感受到？

生："这一整天，谁也没买过她一根火柴，谁也没给过她一个硬币。"这个句子用了三个"一"，告诉我们，这个社会真的没有一点温暖。人们可能都衣冠楚楚的，但是他们对这个生命都漠不关心。

师：很精彩的发现。从白天冷到黑夜，从街上冷到家里，从身体冷到心里，这个小女孩还有什么地方可去呢？于是，她在冷漠的街上开始幻想着属于她的黎明的到来，属于她的温暖的到来，属于她的亲情的到来。多么可怜的小女孩！

……

我们看到整堂课围绕着散落在字里行间的"冷"字，层层深入，引导学生从关键语句上挖掘文本内在的表达。课文很长，但是经过主线梳理，显得集中而紧凑。安徒生所生活的时代，底层的孩子求生的手段并不多，卖火柴、卖报纸等成了很多孩子帮助维持家庭生计的方式。因此，写一个小女孩，等于写了一个群体。为什么一定要是火柴而不是报纸？因为火柴是温馨的、暖和的、光明的，它对应着孤独、寒冷和黑暗。同样，火柴的微弱、渺小、短暂同样对应着现实中大人的冷漠、大街的冰冷和黑夜的漫长。我们似乎可以看到欧洲冷峻纵横的街道上那个无处徘徊的小身影，太微弱了。以一束转瞬淹没在黑夜之中的小小火光对应这个世界，那毕竟是容易忽略的。小女孩的柔弱和美丽映衬着这个忽略了童真与美丽的冰冷现实。时间和地点的设置也着力强调"大年夜"和"大街"。为什么是"大年夜"？那是一家人其乐融融的团聚之夜，是上帝眷顾他的安琪儿的夜晚，是每一个孩子童年时代最渴望的愿望之夜。而这个小女孩却踯躅在街头，她不是没有家，而是"家里和街上一样冷""她爸爸一定会打她的""一向是她妈妈穿的"，这也意味着她有一个完整的家，却比没有家更显得可怜。这是穷人家的孩子最深的无奈和痛苦所在。作者并没有给我们再现这个小女孩在家里被爸爸打的模样，我们却从小女孩宁愿饿死和冻死在街头也不愿意回家，更能看出有家不敢回的恐惧。这也是将这个小女孩设在人来人往的大街上的重要原因，人多衬托了个人的孤独，人多衬托了人群的冷漠，人多衬托了生命的卑微。大年夜，她不是天使。因此，"冷"这条线索就是在梳理安徒生的社会现实布局。无论什么样的社会，人同此心，学生能在字里行间找到触动他们内心的同情，如果一篇课文无法勾起心中的弦，又如何弹奏课堂的琴？有了这一份情感的铺垫，才有后面"幸福"的温暖救赎。

第二课时："暖"

（……在交流了五次擦火柴情景之后。）

师：就是在一年时间终点的大年夜，在新的一年的时间起点，小女孩度过了漫漫长夜，第二天清晨她死了，她跟着她的奶奶一起走向新年的幸福中去了。当你读到这个的时候，你心里涌起的是怎样的一种感受？

生：我觉得并不痛苦，我觉得小女孩终于可以不必再忍受寒冷和饥饿了。

生：她现在正和她奶奶在一起，我觉得很温暖。

师：能把你们心中的这份暖意读出来吗？（生有感情地读）

师：我们心中或许会有一个小小的疑问：小女孩真的是冻死的吗？这一个冬天和往常一样冷，这一夜和往常一样没人关爱，为什么这么多又冷又饿的日子都熬过来了，这一夜就不能呢？（学生短暂思考）

生：我认为她已经不想在这个痛苦的世界活下去了，再说，这个时候也许她已经因为又冷又饿而出现幻觉，她想跟最爱她的奶奶一起生活。

生：可能正由于这五次擦火柴，她才不愿意留在这世上。因为她看见了幸福和美好，她心中很想永远拥有这样的温暖。

师：有独到的理解。你是说她即使是死也不放弃对幸福和温暖的追求？

生：是的。我是这么想的。

师：就像这位同学所说的那样，她完全可以继续活着，但是她不愿意，与其活在痛苦中，不如就这样在幸福的幻觉中死去！但是我们又不忍心说，我们总希望她能好好活着，苦难总会过去。

（配乐反复朗读"谁也不知道她曾经看到过多么美丽的东西，她曾经多么幸福，跟着她奶奶一起走向新年的幸福中去"。）

师：读到现在，大家是不是对幸福和温暖又有了自己新的理解？

生：虽然小女孩死了，但是她仍然是抱着希望死去的。这是绝望后的重生。

生：我们在生活中都会遇到苦难，但小女孩的笑容告诉我们要勇敢地活下去，争取自己的幸福。

生：那一刻，她真的活了，她的整个童年却是死的！

师：你的感悟令我震撼。这是永恒经典的童话所给予我们的力量。同样是经典的世界儿童文学，请同学们再来重温这三个都享誉世界的著名作家笔下的三个穷孩子的命运，你或许对冷漠和温暖、苦难和幸福有新的体会。

《卖火柴的小女孩》（安徒生）：

"她想给自己暖和一下……"人们说。谁也不知道她曾经看到过多么美丽的东西，她曾经多么幸福，跟着她奶奶一起走向新年的幸福中去。

《凡卡》（契诃夫）：

过了一个钟头，他怀着甜蜜的希望睡熟了。他在梦里看见一铺暖炕，炕上坐着他的爷爷，耷拉着两条腿，正在念他的信……泥鳅在炕边走来走去，摇着尾巴……

《小音乐家扬科》（显克微支）：

扬科躺在长凳上。屋子前边有一棵樱桃树，燕子正在树上唱歌。姑娘们从地里回来，一路唱着："啊，在碧绿的草地上………"从小溪那边传来笛子的声音。扬科听村子里的演奏，这是最后一次了。树皮做的小提琴还躺在他的身边。小音乐家扬科睁着眼睛，眼珠已经不再动了。白桦树哗哗地响，在扬科的头上不住地号叫。

（生自由交流自己的读后感，相似的命运，却给人不同的希望。）

师：这部伟大的著作点燃的火柴至今还温暖着每一个热爱生活的人。只要追求幸福的信念不灭，生命之火就不灭。天堂不远，有梦想的人最幸福。

如果说第一课时找到了脉络，那么第二课时就是深入其间，甚至在最后关于小女孩的死这一结局上，引发学生对"幸福"有了颠覆性的解读，在课堂现场引起了很多老师的关注。这与以往教参的解读差异太大了！但不得不承认，学生的感悟是基于这则童话伟大的力量。经典课文在课堂内达到的空间是巨大的，这就是语文的诗性目光。这堂课一改以往对黑暗社会的鞭笞和批判，转而激发人性中永存的美好向往，由冷到暖，格调直转而上，令每一个学生受到了精神的润泽。要有光，每个人心里都有了光。

每一篇经典课文都有其意欲表达的主旨。但是，由于童话是以儿童的语言和视角辅以夸张想象的文学形式，因此，主旨往往比现实主义作品更隐蔽。夸张离奇的故事，落脚点仍然是现实。只不过，这种现实不同于一般的小说，它可以以更天真、更荒诞的形式表达，这也成了童话一再遭遇表象阅读的主要原因。思辨的主旨取向与儿童和成人的阅读区别并没有多大关系。晚年的安徒生即便写的作品仍然冠以童话的名义，更恰当地说已经是现实主义小说了。很多专家以为，儿童由于阅读积累和人生阅历有限，某些深刻的主旨难以感悟，但是，童话的独特魅力就在于它的童年视角，成人却容易产生隔膜。解析童话重要的一点就是抱有一颗单纯明朗的童心，以此对接人类最真善美的精神家园。柯云路先生在《童话人格》一书中阐释："那些流传广泛的童话是整个人类的故事，是一切儿童的梦。""童话故事之所以深受儿童喜爱，引起他们心灵的共鸣，是因为它道出了儿童心灵的梦；之所以也被成人喜爱，是因为即使已经成年，但其人格心理还深刻着儿童时代的一切。"这便是童话的意义。作家毕淑敏说成长过程中始终有《海的女儿》情结；王尔德的《快乐王子》总能让善良的人流泪。这便是经典的永恒魅力。我们的语文课堂又怎能对孩子洞开的情怀置之不理呢？安徒生说过："我的魂灵中涌出一种虔诚，对上帝和对永恒的肯定；这种虔诚把这一瞬间刻在我的生命里，成为一座丰碑……她的魂灵就是爱，她走向了爱和上帝。"这就是为什么面对这一带着神圣情感的文本，我们会从冷漠的死亡中看到温暖的希望的理由，这也是为什么学生会在课堂内进出"那一刻，她真的活了，她的整个童年却是死的"的惊人感悟，而这，是老师备课都不能达到的情感高峰体验。生与死的意义在这个答案中完全复活。

苏霍姆林斯基感慨："每个孩子就其天性来说都是诗人。"但是，若没有唤醒这种潜藏的诗性，没有唤醒这种文学的善端，没有唤醒情感的冲动，我们的语文课堂将依然机械而苍白，诗人也将不再是诗人。朱光潜说："文学是一般人接近艺术的一条直截简便的路，也因此，文学是一种与人生最密切相关的艺术。"所以，让学生在文学的世界里自由进行内部世界和外部世界的精神交流，这是我们语文教育的使命和责任，也是我们通过这些传承几代人的经典老课文能够洞见的价值所在。

长歌怀采薇

——关于《诗经·采薇》

一　思无邪

古典诗文中，《诗经》是诗的重要源流之一，是历代公认的经典。小学语文教材节选了《采薇》最著名的十六字，将此作为古典诗文教学的回溯，还以文学的意象本来面目，当是有价值的尝试。

读《诗经》，我常为这个伟大的源头震撼：古老的诗竟可以是如此的精练含蓄，坦荡从容。"蒹葭苍苍，白露为霜"是怎样凄迷悠远的画面？"巧笑倩兮，美目盼兮"是怎样娇美灵动的容颜？"呦呦鹿鸣，食野之苹"是怎样生机盎然的清音？一读到这些耳熟能详的诗句，我们就能轻易唤醒潜藏在血脉深处的母语情结，便可意会由汉语千百年浸润熏陶的境界，我们沉浸在语词营造的古典想象里，心甘情愿地被文学感觉所驱使。直觉，是读诗的基本精神，也应成为教学的基本精神。我们不太愿意去穷经典籍，譬如"所谓伊人，在水一方"这一句在《诗经》的权威注释中将"伊人"隐喻周王朝礼制，"道阻且长"是说逆周礼而治国。对璞玉天成的《诗经》，这样的解读，是不是很扫兴？诗歌，常以表象的诗意消解了真相的粗粝。被阐释，是经典诗文自我无法承受消解的痛苦。

从南朝谢玄开始，对《采薇》经典十六字的阐释可谓汗牛充栋。

教材节选的十六字，是《诗经》流传于世最著名的诗句之一。《采薇》是《诗经·小雅》中的名篇。全诗很长，这是第六章的节选。全诗写了一个寒冬，一位解甲退役的征夫在返乡途中踽踽独行。道路崎岖，又饥又渴，边关渐远，乡关渐近。他遥望家乡，抚今追昔，思绪纷繁，百感交集。孤独的边塞生涯，惨烈的战争场面，漫长的思乡月夜，一幕幕在眼前重现。少小离家老大回，壮志未酬身先衰的苍凉和悲戚一起涌上心头。《采薇》，就是三千多年前，这样的一位久戍之卒在归途中的追忆唱叹之作。诗中洋溢着浓厚的反战情绪。《采薇》的背景是一场历史上真实的战争。《汉书·匈奴传》记载，周宣王时，猃狁趁周王朝动乱和大旱灾之机，侵略北方边境。这大致可视为《采薇》的时代背景。诗的前三章，同时交织着匹夫有责的卫国使命和望月怀乡的家园之思，这种矛盾同时构成了全诗的情感基调，笼罩全诗的是战争的残酷对乡情的消弭，单薄的英雄情结无法承受浩渺的家国重量。转而，一种强烈的幻灭感铺天盖地而来，"我曾经豪情万丈，归来却空空的行囊"似是这首诗真实的描绘。

短短十六字，在诗的美学地位上取得了传世的成就，为历代称道。两句诗音律之和谐，对仗之工整，在《诗经》中独一无二。中国虽有"有韵为诗，无韵为文"的说法，但文也有韵是不争的事实。如"可以调素琴，阅金经，无丝竹之乱耳，无案牍之劳形"，虽是散文，却韵味盎然。不过，诗韵如"昔我往矣，杨柳依依；今我来思，雨雪霏霏"般工整到天然去雕饰的就极为少见。这个著名的句子，实际上是将一个时空定格成一幅画，选择了一个合适的时空交叉点来完成这位老兵对前尘往事的追索。时间上"今"对"昔"，景物上"杨柳依依"对"雨雪霏霏"，这心中事、眼前景，被人生的"往"与"来"剪接融汇，创造出一种强烈的时空张力。同一个"我"，却是"今"非"昔"比，回首向来萧瑟路，也有风雨也有晴。当初年轻时的抱负只换得如今的惆怅寂寥；同一条路上，当初"杨柳依依"，可谓"春风得意马蹄疾"；而今"雨雪霏霏"，当是"雪上空留马行处"。而这一切，都在这一"往"一"来"的人生变化中。时光流转，四季更迭，世事难测，时过境迁，一个人在家国动荡的年代，在苍茫的天地之间孤独地踟蹰，理想的湮灭、现实的错失，想念着美好的过去，面对着泥泞的现在，幻灭感异常清晰动人。与此诗的时空张力相仿佛的是后世陈子昂的《登幽州台歌》："前不见古人，后不见来者，念天地之悠悠，独怆然而涕下。"其中的"前""后""古人""来者"也在悠悠的"天地"之中，生平换得只身的旷世孤独。两者所不同的是，陈子昂更有一种独绝往来的独立苍茫，而这位无名老兵却只有被时代和家乡所遗弃的茫然。

王夫之曾将这十六字的艺术手法概括成"以乐景写哀，以哀景写乐，一倍增其哀乐"。反衬手法赋予了这十六字独特的情绪力量，使得我们从中读到了超越情节叙事的美好，将两相极致的时空端点和谐地置于一身，可谓空前绝后。

二　念去来

《采薇》的十六字对后世的影响有诸多里程碑式的意义，其中，最重要的一点莫过于开启了绵延千年的"折柳相送"的意象，让托物比兴这一《诗经》中常见的表达方式成为后世诗歌典范的同时，也成为一种习俗文化。

诗的意境感受主要靠读者的直觉表象。读一首诗，映入脑海的首先可能是一幅画面或似乎听到一种声音，我们不可能马上将其抽象或具象化。比如，读"杨柳依依""雨雪霏霏"，不可能先去想诸如"杨柳是不是落叶乔木"或者"雪是水固态的一种形式"之类的科学问题。最先映入脑海的常是一个属于自己独特的阅读图景，这图景不是三言两语能描述清楚的，但每位读者都能感受到它的存在。读者常不自觉地将自己存于记忆的某一情境融入画面，这就达到了情景交融的效果。好诗都会如王国维所说的以不"隔"的状态直接进入感觉，这就是意象所产生的初始印象。

朱光潜先生在《诗论》中具体地阐述了"意象"与诗的境界之间的关联。他认为："一个境界如果不能在直觉中成为一个独立自足的意象，就不成为诗的境界。一首诗如果不能令人当作一个独立自足的意象看，还有荒芜凑塞或空虚的毛病，不能算好诗。"这里所阐释的意象虽指向一个整体，但显然，"独立自足"成了一个重要的原则。情景交融的诗歌直觉效果源于"景"，"景"若是单独偶然的存在而无法勾起读者的想象，便无法产生"情"。反之，某一诗中的"景"若被口耳相诵之后，成为一个固定的"情"的代言，同时也被广为引用以产生"移景入情"的效果，"景"成了人们公认的"意象"，便具备了特定的符号意义。意象，简单地说，就是主观的"意"和客观的"象"的结合，也就是融入诗人思想感情的"物象"，是赋有某种特殊含义和文学意味的具体形象。《采薇》十六字融情趣隐寓于意象，达到象征妙境。读之，思天外，仰古今，令人欣然神往。它开创了一个在中国文学史上俯仰皆拾的"杨柳"胜景。

"柳"的生命力极旺盛，河边所栽甚众，随插随活，也常是故乡家园的象征，因此，古人在送别之时，往往折柳相送，以表达依依惜别的深情。这一习俗始于汉而盛于唐，汉代就有《折杨柳》的曲子，以吹奏的形式表达惜别之情。但是，倘若在"杨柳"背后没有《采薇》的影子，这一根杨柳总是少了脉脉不得语、盈盈一叶间的密语。因此可以说，历代诗人都折着春秋的这一根柳枝，陌上送别，泪眼迷蒙。"柳"可算得上是中国古典诗词中最著名的意象了。诸如：

> 此夜曲中闻折柳，何人不起故园情。（李白《春夜洛城闻笛》）
> 长安陌上无穷树，唯有垂柳管别离。（刘禹锡《杨柳枝词》）
> 柳条折尽花飞尽，借问行人归不归？（无名氏《送别》）
> 曾栽杨柳江南岸，一别江南两度春。（白居易《忆江南》）
> 西城杨柳弄春柔，动离忧，泪难收。（秦观《江城子》）
> 一丝杨柳千丝恨，三分春色二分休。（薛昂夫《最高楼》）
> 伤见路旁杨柳春，一重折尽一重新。（施肩吾《折杨柳》）
> 杨柳何时归？袅袅复依依。（费昶《和萧记室春旦有所思》）
> 垂柳万条丝，春来织别离。（戴叔伦《堤上柳》）
> ……

这些散见于不同年代的诗作，有部分几乎直接就是《采薇》十六字的脱胎。满篇都是借由杨柳依依抒发送别的忧伤。这道古典风景直到近代的李叔同借曲填词的《送别》，"晚风拂柳笛声残，夕阳山外山"带着悠悠感伤的旋律，家喻户晓。它们成了绵延三千年的两个括号，括起了无数离人的情思。

"柳"也因此催生了无数的典故，"灞陵柳""隋堤柳""沈园柳""寒食柳"等皆因文人佳话而得以命名。而这种种仍然有着《采薇》的影子，无论如何时过境迁，那根柳仍然是"杨柳依依"的欲说还休。

中国古诗多意象，"月"意乡思，"蝉"意高洁，"竹"意风骨，"菊"意隐逸，"梧桐"意寂寞，"鸿雁"意羁旅，"长亭"意送别……凡此，都是历代诗人沉淀而成的隽永情怀，人们托物抒情言志，借自然生灵诉说着种种情谊。但似乎没有哪一个意象绵延之深远、之密集、之依恋、之感伤可与依依的"杨柳"相比。这样的盛景似告诉人们，无论什么时代，离别，终究是人生必须面对的一场仪式。唯愿寄托在这根柳枝上的情谊，年年初春，年年新绿。因此，"杨柳"的忧伤中总有希冀，折断后总会重生。大概，这也是《采薇》十六字被公认为《诗经》压卷之作的缘由吧。

三　歌未央

理想的语文课堂应是随"文"入"化"。"化"是"心事浩渺连广宇，于无声处听惊雷"；"化"是"随风潜入夜，润物细无声"，是"远看山有色，近听水无声"。三个"无声"，恰也是三重意境，是我对古典诗文教学的课堂认知和价值追求。

醇和的中文即使日日不止歇地被支离成技术符号，但其不灭的魂灵犹如根生大地，总有被唤醒的密语。我上《采薇》这一课，是唤醒自己对文学古典美的原初怀念。《采薇》的密语，是"意象和情境的往复映照"。这"映照"在课堂内是围绕"杨柳依依，雨雪霏霏"进行三个层面的起、承、合。第一层面是意象的初步感受，这是"起"，从学生的视角看，读"杨柳依依，雨雪霏霏"是"分"的状态，这里主要引导学生进行四个关注以解决诗文字表达方面的问题，即"形式关注"，关注四言的格式；"表达关注"，关注鲜明的对仗；"朗读关注"，关注和谐的音韵；"词感关注"，关注由字面本身带来的直觉。学生经由此环节，解决了"杨柳依依""雨雪霏霏"意象的第一感知，即文字所传达的优美情境。第二层面是意象的内涵探索，这是"承"，以教师的视角，意图导向诗的本意，引学生感受景语即情语。这一层面也通过四个环节完成了本诗母体的回归："补诗"，以"行道迟迟，载渴载饥。我心伤悲，莫知我哀"来颠覆学生原有的对优美情境的假设，继而引起对主人公身世遭遇的探究；"背景"的出示让学生了解到《采薇》的背后是周宣王与北方猃狁的边境之战；再让学生以一多年羁旅边塞的老兵归乡的心态"移境"到诗意，沉潜体悟，以练笔的方式走入画中

49

人；"对话"，意图尝试以现代语境解读古典心情，以此来感受"杨柳依依，雨雪霏霏"背后时间的冷暖炎凉、空间的物是人非、人生的往来惆怅。这一层转入到凄美的情境。这两层互为表里，表象的优美托付着内在的伤感，是《采薇》艺术手法的集中体现。第三层面是意象的诗意流转，这是"合"。此时的"杨柳"和"依依"在诗意中已成为固定意象，融为一体。在我看来，这一层面恰是我挖掘本诗价值维度以期在课堂呈现的动机。前两层基本解决了诗的表里，但仍属于知识范畴，第三层便在试图接近诗的灵魂，那就是意象的文化意义，也是上文对《采薇》文本细读的旨归。老师和学生在课堂内暂时离开了《采薇》的文本，走入另一个诗意的丛林，却发现这个丛林的路径源头的另一道风景。我尝试将"杨柳"意象寄身于历代诗人共有的心境来印证"杨柳依依，雨雪霏霏"这一本源意象的回归。美好与忧伤恰如人生往来的旅途，它们彼此依托，不可分离，逆境后重生，离别后相聚，总是人之常情，也是诗之常情。万物逆旅，百代过客，诗意的道统，从来不是绝望的现实，而是希望的冀托。四十分钟，十六个字，学生如能"溯游从之"，俯仰古今，洞悉幽微，放达天地，一唱三叹，置一身于古典诗意的浩渺，却"宛在水中央"，不亦是语文的幸甚至哉？

　　意象的营造在课堂内学生尚未完全自足合成的阶段，让其感受汉字独有的音义勾连，是本课的一个尝试。汉字独有一种音与义彼此勾连的暗示。譬如"婉约"和"豪放"这两种后人冠名的词风流派，单就两个词来说，不单在意义上有着巨大的差别，其读音本身也暗示了这种差别。上声词多见于类似的温婉语调，其意义也都接近温婉，因此，"杨柳""雨雪"虽只代表自然界事物，其字在发音上也渐乎呈现一种雅致的温柔，"婉约"即如此。而入声词读来则多有一定力度，如"暴躁""迅速"等，语音短促干脆，感觉急切，"豪放"即如此。阴平的词则有一种余韵悠远的味道，适合表达离别之意。"依依""霏霏"不单语音轻柔婉转，所带给人的感受也同样带着淡淡的忧伤，暗示别离的恋恋不舍及归乡渺渺无期的伤感。我们无法想象代表此类情怀的是一种"嘎嘎""蹦蹦"的声音。这十六字舌面音居多，有一种含蓄的一唱三叹的效果，不像齿音般尖锐，不像唇音般爆破。同时，"依依""霏霏"的双声叠韵极好地将一种不舍的感觉表达出来。虽打破了诗一般具有上下两句仄平的常规，在读起来时却意外地有一种绵绵不觉的悠长。汉字中的谐声字是极为丰富的，它是六书中最常见的一类。一般的诗用双声谐音均考虑以声音动听为主，而绝佳者往往音意兼得，这虽是高境界，但古往今来，不乏诗作。如"无边落木萧萧下，不尽长江滚滚来"中的"萧萧""滚滚"，"大弦嘈嘈如急雨，小弦切切如私语"中的"嘈嘈""切切"就兼而有之。

《采薇》这十六字的绝妙不但音律相谐，同时音意相谐，实为《诗经》的压卷之作。

所见不见，是蝉非蝉

——关于袁枚《所见》

一

在小学语文教材中，有些文本是特殊的存在。比如，袁枚的《所见》在人教版一年级下册，同时也在苏教版五年级上册。同一个文本，为什么编者意图差别如此之大？我的学生在我讲蝉提到这首小诗的时候，也提出自己心中的困惑：为什么中国有大量的蝉诗，却没有蝉的科学文本，为什么西方有法布尔的研究却没有蝉的诗？

这两个疑问，指向不同，但却都涉及我的语文教学认知冲突。第一个问题源于我当时正在研究的重读经典的课题，其中一个核心的问题是：为什么我从小学到的有些现代名家名篇始终没有淡出教材视野，但是他们的所属年级、单元、主题都有了很大的调整？这些调整的依据是什么？但和其他一些经典名篇相比，《所见》仍然是一个异数。人教版的同单元诗歌是胡令能的《小儿垂钓》，同单元的文章大都属于儿童生活情趣范畴。苏教版的同单元诗歌是贾岛的《寻隐者不遇》，这两首小诗都颇具灵性和禅意，言有尽而意无穷，留白空间很大。一看便知，编者都各有理由：编在一年级是发现儿童的游戏精神，编在五年级则是读到了自然万物的刹那灵光。那么，究竟什么才是这首小诗真正要表达的？是什么原因导致了编者解读的巨大差异？正是这个教材的异数，诞生了这两堂完全不同的语文课堂架构。

一个民族有一个民族的文化道统。这种文化的流转秘密，在文字中藏得很深。中文兼具表音、表形、表意、表象的特点，这种图形化、单音节的文字，一字一天地，自诞生起就被赋予感性的审美特征，具备了凝练的歌谣味道。这是中国能成为一个诗歌王国的基础。所以，我们现在读"断竹，续竹，飞土，逐肉"这样远古的吴越口语都觉得这是诗歌，除了音节和形式的美感之外，文字的表意内涵也是重要的因素：单个汉字能成足一境界，连绵起来则更是一幅动态画面。到了《诗经》，这种汉语的美达到了化用民间的高峰，而这，仅仅是诗歌的开始。以现在的中国人来看，这个起点太高了。它示范了诗歌所能达到的音韵美、形式美、意象美的简约统一。同为诗歌源流的《楚辞》与之相比，就繁复晦涩得多。后世诗歌发展演变了很多的文字形式，四言、五言、七言、长短句的词、谱调的曲，一个突出的特点是诗歌越来越长，越来越复杂。但中国的诗歌，不管怎样演变，只要是一首公认的好诗，都无法脱离《诗经》《楚辞》开创的一个最为重要的特征——比兴。

借物起兴，在诗歌的源头就成了中国人的密码。有意思的是，"物"从一开始就成了"兴"发感怀的凭借。即使到古典诗歌最末端的晚清，写一首诗，单纯的兴，单纯的物，都不动人。龚自珍的诗就兴发过多，着物过少。同样的《己亥杂诗》，"我劝天公重抖擞，不拘一格降人才"就比不上"落红不是无情物，化作春泥更护花"。那是因为人们在读诗的时候，审美都暗自朝向春秋时代的古老源头。

那时候的人们对万物有多了解呢？回到《所见》的主人公"蝉"，在《诗经》中称之为："螓"首蛾眉。在《楚辞》中：岁暮兮不自聊，"蟪蛄"鸣兮啾啾。在《庄子》中：仲尼适楚，出于林中，见痀偻者承"蜩"。《尔雅》更是概括得具体：蝉楚谓之"蜩"，宋卫之间，谓之"螗蜩"，陈郑之间谓之"螂蜩"，秦晋之间谓之"蝉"，海岱之间谓之"蝒马"，其小者谓之"麦礼"。我从小长大的江南农村，对蝉就有两种称呼："知了""麦礼"。实际上指的是不同季节、不同种群的蝉，直接对应了《尔雅》的称呼。

中国有两百多种蝉，大江南北，各不相同。在民间，口语称呼蝉也是各不相同的。北京叫作"知了猴"，山东叫作"姐溜龟"，江苏叫作"爬拉猴"，湖南叫作"艳阳嗺嗺"，还有其他省份叫作"爬喳""黑老哇哇""蚨蜒蚨蜒龟儿""嘟嘹子"……千奇百怪，各不相同。

现在的老师和孩子，有多少人知道这些雅名和俗名原来都在说"蝉"呢？不只是名字，古人对蝉的生活可谓了如指掌。《礼记·月令》中就说："仲夏之月，蝉始鸣，孟秋之月，寒蝉鸣。"从春末夏初到深秋，蝉在各个时期都有不同的特点，叫声也不相同。可以这么说，正因为古人对于万物的周知，因此才会在需要表达的时候准确起"兴"。这种诗歌道统一旦确立，绵延了长达几千年，甚至反过来影响文字本身。"蝉"就不只是蝉了。

这些，袁枚知道吗？当然知道。他不止了解蝉的特点，而且还深知中国历代诗人喜爱蝉。这位性灵学大师，对于天地万物，不但敏感，而且极为喜爱、倍加推崇，他只是不喜欢吊书袋子，因而，才有了《所见》这样简单直白、禅意十足的灵感之作。而没有经历万物启蒙的我们，能知道《所见》究竟所见何物？我想，是看不见的。

当我意识到中国文化启蒙教育在这一点上的严重缺位时，就有必要让孩子们"看见"一回了。

二

现在，让我们试着探究《所见》究竟见了什么。

牧童骑黄牛，歌声振林樾。意欲捕鸣蝉，忽然闭口立。

这首小诗的绝妙在于，袁枚捕捉到了孩子极其微妙的一刹那神态。诗的前两句在叙事，是个大前景，天地间，有个牧童骑着牛缓缓过来。"歌声振林樾"意在拉伸声音的高度，突出夏天的热闹，在一个蝉躁的夏天，牧童悠然，蝉声阵阵。这歌声既有可能是牧童在歌唱，也有可能是牧童听见蝉在歌唱。但是，不同的歌声引出了不同的下文。后两句"忽然"一转，声音没了，顿时宁静，世界仿佛凝固在牧童的一个动作里，动静转换一下子跃然而出。但我们并不知道牧童究竟因为什么而"闭口立"，是因为怕自己的歌声打扰了蝉，还是牧童准备闭息凝视捕蝉呢？唯一可以知晓的是，跟"意欲捕鸣蝉"有关。如果就诗歌本身来说，含义似乎并不难理解。可是，这诗歌的题目又让我们重新产生了疑惑：是谁所见？是袁枚所见，还是牧童所见？所见何物？是袁枚所见牧童在做什么，还是牧童所见蝉在做什么？更或者是蝉所见牧童意欲干什么？在这一刹那，都成了人与万物之间谜一样的凝视。于是，诗歌的空间忽然地张大了。要解决这些奥秘，"蝉"成了关键的意象。

《庄子·达生》篇中所记述的佝偻老人娴熟的捕蝉技巧，就证明了当时蝉已经是一种很普遍的食物了。中国各地至今都有食蝉习俗。《毛诗陆疏广要》阐释："盖蜩亦蝉之一种，形大而黄，昔人啖之。"春秋时代所说的"昔人"怕至少要到商周了吧？而这一习俗在很多地方流传至今。白洋淀作家孙犁在《昆虫的故事》中这样描绘："捉了蝉的幼虫，回家用盐水泡起来，可以煎着吃……我小的时候，是把捉来的蝉用盐腌了之后，油煎了吃。当然，因为食油金贵，也有用火烧了吃的。"美食大家汪曾祺在很多故乡的回忆中都提到了蝉的食法。他们不厌其烦地记述着蝉的烹调方式，甚至精准到蝉从若虫爬出地面等待羽化之前的那一刻，是蝉最幼嫩的时候，可见，美食能促使人充分了解食材的特性。我有一次去山地讲课，主人好客，端上来一盆黑漆漆的食物。我从小不吃蝉，一下子没有认出，但一眼可辨是昆虫。主人说野生的蝉很是珍贵，这可是用上等食物招待贵客。我犹豫再三仍然没能下嘴。当然，这完全是生活习惯的问题，就像江南人吃龙虾，丝毫不在意它来自于臭水沟一样。

人们对蝉的使用不仅仅是吃。《本草纲目》记载："蝉感秋气而生，应月周而去，禀金水之气化也。金能制风，水能清热，故主治小儿惊痫。昼鸣夜息，故止小儿夜啼。水火不交，则癫病寒热。蝉禀金水之精，能启下焦之水气，上合心包，故治癫病寒热。"蝉自古就是中药材。中药学认为凡物皆有阴阳，万物协调运作、相生相克，其中有着极为宏大深邃的宇宙意识。人不过是万物中的一子，自然也受万物调和运作的制约。以蝉为例，《礼记》记载："仲夏之月，蝉始鸣，季夏之月，寒蝉鸣。"《诗经·豳风》有云："五月鸣蜩。"《风土记》曰："七月而蟪蛄鸣于朝，寒螀鸣于夕。"从中可以看出，古人是以蝉的生养周期入药引子的。

不止于此，中国人对蝉的了解可能比其他昆虫都要完备。从商代到西汉的墓葬出土发现，死者所含的都是玉蝉。为什么中国人含的都是蝉，而不是蜜蜂或蝴蝶？必然是蝉身上的某个特点令古人深深信仰。那么究竟是什么呢？关于这个问题，从中国的古典文献中是找不到详细论述的。古典文献中谈到的蝉都是地面上的蝉，那么，地下的蝉呢？

即使是昆虫学家法布尔，同样无法了解地下蝉的秘密："未长成的蝉的地下生活，至今还是未发现的秘密，我们所知道的，只是它未成长爬到地面上来以前，地下生活经过了许多时间而已，它的地下生活大概是四年。此后，日光中的歌唱不到五个星期。"法布尔的研究告诉我们，只要人一打扰了蝉的地下生活，它立刻停止生长，因此，无法进行持续的观测。至今，人们所知道的是最长周期的南美洲蝉，地下的蛰伏周期长达 17 年！不记载未必不周知。死者含蝉的习俗证明了，近四千年前，中国的商朝就已经知道蝉的蛰伏地下时光。正因如此，人们希望死者像蝉一样回到地下，静守轮回，等待某日复归大地，羽化登仙。古人述而不作，留下的吉光片羽，扑朔迷离。商代的青铜器上，出现了大量的蝉的纹饰，墓葬中大量的佩戴蝉表明，大约在商朝就已经完成了"禅心已定"的文化发育。在文字刚出现的商周，说意象或许过早，但作为古人最早的图腾之一，蝉这一小小的神秘昆虫，是担得起这一荣耀的。

与大量起源于《诗经》《楚辞》的文学意象不同，蝉的历代流转古老得有些令人震惊。袁枚的目光随着牧童，穿越几千年，在一只小小的蝉上，回到了中国文化的童蒙时代。

三

中国的文学从春秋以降，诗化现象历朝愈重。《诗经》有很多状物的描绘，是一部植物大百科全书，这直接催生了借物比兴的传统。但"物"并非只是"植物"，还有昆虫和动物，由于数量相对少，并且不如植物风华俱佳，少有人关注，但这并不能让我们忽略《诗经》涉及的生活万物。比如《豳风·七月》："五月斯螽动股，六月莎鸡振羽。七月在野，八月在户，九月蟋蟀在我床下。"这一段描绘到了三种昆虫。"动股""振羽""在野""在户"都是在描述它们的生活习性，并无太多的主观色彩。但是，万物随斗转星移，自有它的生息，人作为万物之灵长，渐渐从中获得心灵的映照，引发情感的共鸣。比如"螽斯羽，铣铣兮。宜尔子孙，振振兮"，螽斯多子，象征人的子孙繁盛。《诗经·卫风·硕人》中说："手如柔荑，肤如凝脂，领如蝤蛴，齿如瓠犀。螓首蛾眉，巧笑倩兮，美目盼兮。""螓首蛾眉"是一种比喻，汉代郑玄注螓谓蜻蜓，也有版本直接称其谓蝉的头部，比喻女子发髻的漂亮。

《礼记》《诗经》中说到蝉，大多数仍然停留在状物阶段，或对其生理习性描述，或表现时间或者季节的一种现象，后来却成了诗人兴发感动的媒介。随着诗化现象日趋明显，大多数诗人更注重蝉的意象提取，对蝉本体的知悉也越来越模糊。由于蝉的生活神秘，生命周期太过漫长，很少有文人雅士进行细致入微的观察，重要的是，对物性了解太多反而成了诗性屏障。《诗经》和《楚辞》直接孕育了中国诗歌国度，间接影响了中国文化人含蓄浪漫的诗意人格，这些影响都是有根据的。也因此，中国失去了另一种理性的文化，这在欧洲却成为主流。

从汉朝始，在描述蝉的文字中，开始夹杂文人情怀。《史记·屈原传》中记载："蝉蜕于浊秽，以浮游尘埃之外，不获世之滋垢。"这显然是在借蝉表明屈原"出淤泥而不染"的人格。曹植的《蝉赋》更明确："唯夫蝉之清素，潜厥类于太阴，在炎阳之中夏，始游豫于芳林，内含和而弗食，与众物而无求，栖高枝而仰首，漱朝露之清流。"曹植唯美浪漫，眼中的蝉成了清修的仙客。晋朝陆云《寒蝉赋》说蝉有五德："夫头上有緌，则其文也；含清饮露，则其清也；黍稷不食，则其廉也。处不巢居，则其俭也；应候守常，则其信也……"简直就是古代士大夫的典范。这段文字是历代描述蝉的文字中，概括最为全面的。一般所指，多数为高洁。晋朝郭璞还这样称赞："虫之精絜，可贵惟蝉，潜蜕弃岁，饮露恒鲜，万物皆化，人胡不然。"这更直白地表达了蝉的高洁，蝉乃集天地万物精华的灵虫。梁昭明太子赞蝉："兹虫清絜，惟露是餐，寂寞秋序，咽唶夏阑，定伊不美，曜彼华冠。"不仅表达了蝉高洁的品质，还从中转出了蝉的另一个派生意象——寂寞。由于蝉总是在高高的枝头，人们都觉得是饮清露而活，实际上，蝉是饮树汁的。蝉每一年从夏天歌唱到深秋，深秋的蝉伴随着萧萧落叶，生命也即将凋零，故总是给人凄凉落寞之感。这些歌吟蝉的赋，基本上定型了后世对蝉的两种诗化意象。

最为人们熟知的"咏蝉三绝"包括：虞世南的《蝉》，骆宾王的《在狱咏蝉》，李商隐的《蝉》。这是唐代托蝉寄情最为著名的篇章。古人这样评价"三绝"：虞世南"居高声自远，非是藉秋风"是清华人语；骆宾王"露重飞难进，风多响易沉"是患难人语；李商隐"本以高难饱，徒劳恨费声"是牢骚人语。这种评价是相当切意的。虞世南的咏蝉没有脱离魏晋风气，重在高洁，从蝉声鸣唱角度，表达人生高境无所凭借，超然脱俗。骆宾王的咏蝉则以身陷冤狱之人视角托物，别具一格，所描绘则是蝉面对风露的艰难，哑然失声。李商隐的咏蝉也独辟蹊径，在前人均为歌咏的基础上，隐喻了故作风雅却百无一用的书生，是具贬义的。这三绝都以蝉的声音为触发，或高歌，或暗哑，或聒噪，各有情趣。其余咏蝉的名篇还有王籍的《入若耶溪》，里面有两句非常辩证的哲学蝉声："蝉噪林逾静，鸟鸣山更幽。"此外，我还比较喜欢朱熹的《南安道中》两句："高蝉多远韵，茂树有余音。"有虞世南的牙慧，但脱离刻意歌咏，意境更悠远。因此，蝉，这只小小的夏虫，吟咏了中国诗歌史中的一道风景。这其中，必然有诗人悬着玉蝉吧。

直到袁枚，同样听到了千年的蝉声，却宕开一笔，刹那从牧童处悟得了禅意。隐而不说，是这首小诗的妙处，就如贾岛的"只在此山中，云深不知处"，就如王维的"空山不见人，但闻人语响"。千江有水千江月，有还是没有，见还是不见，各有殊异，各有殊胜。袁枚是清朝"性灵说"的重要诗人，直接承继了明朝著名的"公安派"，主张灵性，写诗不拟古，不掉书袋，不受羁绊，反对诗歌形式的声律藻饰、骈丽用典的繁复，主张直抒胸臆。袁枚主张："诗者，人之性情也。诗写性情，惟吾所适。凡诗之传者，都是性灵，不关堆垛。诗者，心之声也，性情所流露者也。文以情生，未有无情而有文者。"皆明白表达了自己的创作取向。中国的诗发展到明朝，出现了重大的变化。明朝是一个市井生活相当丰富的朝代，人文艺术达到了一定的高峰，审美意趣也不同前朝，各方面有了删繁就简的趋势。受王阳明等心学的影响，彼时的中国人开始注重内心的感受，个体开始觉醒。袁枚主张诗歌创作就是自我心灵的再现。如果没有"我"，就没有诗。而诗歌的意蕴，也只在"我"的性情中复活。我们来读一首小诗就可见性灵说的特征：白日不到处，青春恰自来。苔花如米小，亦学牡丹开。

（《苔》）小小的青苔，在诗人眼里，同样具有生机。野百合也有春天，苔花里也有乾坤。那种孤芳自赏、唯我独适的自在，别有情趣。这样的小诗，灵性顿悟，禅意隐现，在袁枚的诗中很普通。

《所见》不见，是"禅"非蝉。袁枚的小诗，给绵延了近四五千年的蝉文化做了一个小小的抽离。这里，不谈蝉的高洁，不谈蝉的凄切，什么都不谈，又似全都包孕其中。这只蝉的禅机，被巧妙地浓缩在"忽然"一词中，完成了一次文化意象的"隐身术"。

寂寂琴台老伯牙

——关于《伯牙绝弦》

伯牙善鼓琴，钟子期善听。伯牙鼓琴，志在高山，钟子期曰："善哉，峨峨兮若泰山！"志在流水，钟子期曰："善哉，洋洋兮若江河！"伯牙所念，钟子期必得之。子期死，伯牙谓世再无知音，乃破琴绝弦，终身不复鼓。

《列子·汤问》

一

境由心造，琴为心生。对于伯牙来说，人生即琴。琴，原来只是他另外一个自己。但是一次偶然的邂逅，使得伯牙在一处山间遇到了朴拙天然的听众钟子期，于是他那"峨峨兮若泰山""洋洋兮若江河"的高洁情怀才有了表达的空间。他的琴声遇到了钟子期，从此，生命有了知音，山与水开始对话。"高山流水"是音乐，也是伯牙孤寂清高、不谙世俗的言说。至今，"山水"已成中国文化的永恒命题。仁者乐山，智者乐水。除山水之外似已找不到与此浑然一体的意象，那么，大仁大智的伯牙虽已绝弦，他留下的千古绝唱却敲响了文人心中的不绝追求。谢灵运、陶渊明、王羲之、谢安、谢朓、李白、孟浩然、王维、苏东坡，他们都沿着这个母命题一路走来，一卷中国文化史，出现最频繁最密集的怕也就是这两个字罢了。"高山流水"是中国文化最为阳春白雪的片断，也是中国人的心灵故乡。山水唱和的自然风雅发端于此，也绝响于此。

要执教这样一种本身只可意会、不可言传的意境，要和学生产生知音对话，触动他们稚嫩的心弦，何其难矣！

二

但是，不管怎样，那是一次心灵追寻的尝试。

很早以前，就把自己的网名取为"老伯牙"，一是平湖方言的谐音，二是对音乐的一种喜欢，更多的则是寂寂琴台的姿态。伯牙是孤独的，他的琴不缺少听众，但缺少能真正听得懂的人。他表述的是最为浑然天成的自然之境，嘈嘈世人何以能懂？但是，唯独子期能懂！山水本身便是他的邻居，他的筋骨血脉。他本可与草木同朽，也只因他听懂了世上无人能懂的琴声，他的死，造就了一种亘古缺失的美。所以，伯牙的志在高山、志在流水是唯一的。伯牙的选择，不会有志在炊烟、志在杨柳、志在天空、志在大地等世俗滥情，也因此，才使得高山流水遗世孑立，弥足珍贵。伯牙的高山流水，一开始就是山水之境，不染尘烟，一派天然，清空骚雅，真山真水，琴声所表达的亦是。遇到子期后，山不是山，水不是水，他融入了伯牙的心境，在琴声中，他要向子期表述他若高山一般的巍峨志向，若江河一般的开阔心胸，他要向这人生知己表达他半世的孤独苦闷，他多年的苦苦寻找。但是，子期死后，山还是山，水还是水，没有了琴的伯牙若同断了心弦，他不再期待，不再高亢，不再澎湃，山水依旧，人生苦短。除"高山流水"，还有什么能更好地诠释伯牙的三重人生？伯牙无论高山流水到何层境界，子期都能心里默会，这才是知音。这样，生死又怎么能阻隔他们的对话呢？"人生得一知己足矣"，伯牙这样想；"琴为知己者死"，伯牙这样想。琴是伯牙的生命，琴没了，他的人生其实早已随子期而去。这就是"伯牙所念，钟子期必得之"！于是，在众里寻她千百度之后，"高山流水"就在灯火阑珊处。

这篇课文，除了以"高山流水"诠释"知音"之外，还有什么更合适的呢？这简洁的文字所传达的纯粹意境真的已容不下任何旁枝末节。一开始，我的着眼点想在"伯牙所念，钟子期必得之"上突破，伯牙所念高山流水音乐，子期得音乐；伯牙所念高山流水情怀，子期得情怀；伯牙所念对子期的思念和祭奠，子期泉下有知仍然得之，似乎也能顺理成章地上出三个层次。但是，实际情况却不是这样。学生在文本的回来回去中晕头转向。这种以教师理念为主导的中心句突破，以一句贯全文的教法看上去似乎简练，最大的问题便是忽略了学生的阅读层递性，也破坏了文本内在的逻辑。《伯牙绝弦》五个句子，句句相连，层层递进，实在无法抽丝剥茧。于是，在几次试教之后，我毅然放弃这种看似聪明却注定不合学情的思路，回到最原始的状态，老老实实一句一句，从头教起。"善鼓善听"才是伯牙和子期对话的前提，然后才是"如何善鼓善听"。"伯牙所念，钟子期必得之"自然分为两个层面，前面是文本字面处理，也是高山流水的基本意象。后面那一句才是情到深处，断琴绝弦。

于是整堂课就顺着伯牙的琴声自然地划分为三个板块：第一板块"山就是山，水就是水"，这个板块重点解决古文的初读和语言文字的落实，也是高山流水的初始，那只是一段音乐的表达而已；第二板块"山不是山，水不是水"，文章读到此，山山水水已了然于胸，那就必须要回归到两个人的身份上，在这个板块中，插入了一段背景，然后以一段伯牙对子期的倾吐，切己体察，身份置换，在学生的诉说中自然地提升到伯牙所念山水情怀上，走入伯牙内心，他们深切懂得子期所懂，他们感到仁者乐山、智者乐水的那个老伯牙，那是一种人生的知遇之喜。第三板块"山还是山，水还是水"，情感从这个板块起渐入高潮，然后，把话锋转到伯牙的琴声中，此时，流水声起，并戛然而止，断琴绝弦。课堂再一次回到文本，回到最后一句，在回环的诵读中，悟得无琴却有情。我以为这样的解读质朴无华，看似风平浪静，实则情感跌宕。但是，表现在课堂上的是高山流水般的格调，或急或缓，或起或伏，却始终是行云流水般行进的，只有顺流，没有逆流。

三

我手中有很多《高山流水》的古琴版本。《高山流水》本为一曲，自唐之后，分为"高山""流水"两部分，到了清代，又增加了很多"滚拂"的手法，以增强水势，所以如今我们听到的《流水》部分，艺术效果复杂多变。铮铮敲拨，似幽涧泉滴，泠泠勾弹，似涓涓细流；重落轻按，似深潭飞瀑；滚拂舒展，似浩浩江河。移商换羽，心随意转，巍巍高山，百川归海。虽后人所作，但却深得伯牙志趣，实非三言两语所能表达。历来琴家，因此曲手法复杂，总是要过《流水》这一关，才堪跻身古琴家行列。成公亮、李祥霆、龚一、吴文光、管平湖、赵家珍、张子谦等大师的版本我都有收藏，表现各不相同，甚至不久前的青年琴家乔珊的一张《古琴新韵》作品，也有脱俗表现。每上有艺术张力的课，我常让自己沉醉音乐，忘记文本，静静地用心聆听，直到有所心得。古琴本是我最倾心的古典乐器，历代音乐佳话，唯古琴清空高雅，寂寞自怜，以一人一琴，舒展宇宙万千。"独坐幽篁里，弹琴复长啸"，这是王维的意趣；"入耳澹无味，惬心潜有情"，这是白居易的品鉴；"手舞石上月，膝横花间琴""我醉欲眠卿且去，明朝有意抱琴来"，这是李白的潇洒；"江上调玉琴，一弦清一心"，这是常建的禅意。在诗人眼里，琴不单是琴，它融入了太多的文人情怀。孔子三操，刘向问琴，蔡邕赋琴；诸葛亮焚香操琴，"空城"退敌；司马相如、卓文君结缘，始于一曲《凤求凰》；聂政为父报仇，嵇康为友断头，皆凭一曲《广陵散》；师旷弹琴引鹤，宋徽宗爱琴"挟之以殉"……千古佳话，皆与琴息息相关。琴棋书画，琴自然地排在文人雅趣之首。对于古人来说，乐声也即琴声，琴声也即心声。此中，《高山流水》因糅合了伯牙和子期的知音传奇因而成为古琴"琴为心生"的代言之作。之后，《广陵散》《关山月》《渔樵问答》《梅花三弄》《阳关三叠》等琴曲皆已成为中国古典音乐的瑰宝。所以，"高山流水琴三弄，明月清风酒一樽"，说《高山流水》背后是整整的一个中国文化，丝毫不言过其实。

琴以消愁，琴以忘忧。伯牙自然深得琴中奥妙。但是，身在高处不胜寒，世人皆醉我独醒，不堪随波逐流，但求相忘江湖的情怀有谁能懂？人生一世，常抱千年之忧；何不鼓琴？沉醉忘忧。他把自己的孤寂清高化作琴声，只想把眼前的山山水水纳为知音，却万万没想到，眼前这一介布衣樵夫竟如此懂他的琴！这种颠覆，使得伯牙把他的凝神遥想、徘徊惆怅都与眼前的山水融为一体，琴声只为谢知音。

正是在这样的一种闭关聆听之后，我最终选用当代古琴名家吴文光的《流水》，那种回肠荡气、大起大落的胸襟，让人听罢不能自已。由于伯牙和子期的对话，我另外选择龚一蕴含佛禅味道的琴箫《云水吟》中的《寒山僧踪》作为其余背景一以贯之。琴与箫便恰似伯牙与子期，一唱一和，居庙堂之高，处江湖之远，思接千里，云水相连。当两个曲子缓缓流入心底，不断在心里回荡，我知道，这一次的《伯牙绝弦》将又是一个让我刻骨铭心的作品。

四

《伯牙绝弦》这一课未上之前，我就预言，这不是若《秋天的怀念》一般是个讨众人巧的作品。《秋天的怀念》情感跌宕，牵扯到了人间最真挚的母爱，谁不为之动容？但是，《伯牙绝弦》不是每个人都听得明白的。就如伯牙的琴声一样，正如"高山流水"这美谈本身一样，芸芸世人如何得之？我们但可将其世俗化，以煽动师生落下他们肤浅的眼泪，但有必要吗？子期死，伯牙断弦明志，哭有何用？人生难觅是知音，情到深处，已无言语。任凭曲高和寡，我拒绝庸俗。正是怀着这样一种自信，我登上省赛课的舞台，丝毫不惧。众人得不得之，已不是我要考虑的了。

后来有人说，似乎这篇课文就是为我而来。

我听之一笑，不，是我为它而来。

由实入虚，物我两忘

——关于张志和《渔歌子》

> 西塞山前白鹭飞，
> 桃花流水鳜鱼肥。
> 青箬笠，绿蓑衣，
> 斜风细雨不须归。

　　张志和的《渔歌子》是一首清丽淡雅的词。这首词表面所描绘的都是寻常景物：西塞山、白鹭、桃花、流水、鳜鱼、箬笠、蓑衣、斜风细雨等。这首词还色彩缤纷：青、白、绿还有桃花的粉红。整首词似都是由这些景致色彩堆积而成。若把这些景观串联而成来直译，对学生来说也并非难事，在语词障碍上几乎不存在明显的生僻。但这些满满的实词却营造了一种虚空的境界。如此，这首唐代词的开篇之作，必有它值得细品之处。

　　第一，景是实，也是虚。古人写词常以眼前景和心中景双合。景随心动者为上品，苏东坡的诗词常有此类浑然天成的佳作。"归去，也无风雨也无晴"便是亦景亦心、亦诗亦禅的上品。"谁道人生无再少，门前流水尚能西"也是如此。这一首《渔歌子》中的景并非词人随意胡乱拼叠，而是用诗人慧眼精心过滤的。即使眼前看出来是大千世界，而心中影射就只有这几样。譬如诗中的"白鹭"。山前既有白鹭，也可能有燕子、野鸭、麻雀，甚至还如杜甫一般有"黄鹂"。显然，白鹭有着和其他鸟类不同一般的身姿，那是一种飘逸飞翔，是若有似无的自由象征。它们总在山间开阔的水面处飞翔，不太出现在热闹之处，这便和燕子等有着浓郁人间气息的鸟类不同，是一种出世的情怀。"桃花""流水"也是，"桃花流水杳然去，别有天地非人间"。"缘溪行，忘路之远近。忽逢桃花林"，桃花是色的点缀，昭示了季节，更主要是昭示了归桃花源的心态。山必有水的点润，才不显得木讷；水也必有山的屏障，才不至于空虚。远山近水皆有情，鳜鱼仅仅是看不见的道具，或者说只是一个借口。因为有了桃花鳜鱼，画面中间那个渔舟上的背影才有一个现实的逃遁理由：垂钓。我们早已明白，即使他的眼睛盯着水面，看到的并不是浮标，而是倒映着的一方宁静山水。因此，即使只看字面便能读懂诗人哪里是在钓鱼，分明是在钓斜风，钓细雨，钓青山绿水，钓花开花谢罢了。

　　第二，色是实，也是虚。这首词中的景中之色是重要的密码，常容易被表面蒙蔽。这和白朴的《天净沙·秋》不同，这里的色有实有虚，虚实相间。最值得辨味的是"青箬笠，绿蓑衣"中的"青"和"绿"，这究竟是不是真正的色彩？课文中的插图也是，课件上的也是，画家笔下也都是实实在在的"青""绿"。但这是真的吗？江南大部分的蓑衣和斗笠都是经过干燥脱水处理的，一般是自然的枯黄，即使词人雅兴，临时就地取材，我仍然认为，诗人身上所披的是绿水，头上所戴的是青山。他在山水之中，俨然成了其中的一部分。初春时节，满眼青绿，都是一派生机盎然，连身上的蓑衣被雨打湿之后也仿佛浸润了山水的色彩，显得绿意葱茏。让学生闭上眼睛想象，整首诗给你带来一种怎样的色调？必然是青绿色，这色彩究竟来自哪里？仅仅是蓑衣斗笠？显然更是眼前的青山绿水！那是整体融合在一起的水墨感觉，哪里还分得清谁被谁点染呢？白鹭是青绿色调中的一抹光亮，是青山绿水中的点睛，是词人自比的悠闲，一上一下，心随鹭飞，意随心转，连同自己都成了整个春天的点缀了。因此，诗词中多出现"有色皆空，无声不寂"的现象，当不得真更当不得假，必然要进入词人的心境方能悟得。王维便是其中高手："空山不见人，但闻人语响"，有声还是无声？"人闲桂花落，夜静春山空"，有色还是无色？"月出惊山鸟，时鸣春涧中"，静还是动？"竹喧归浣女，莲动下渔舟"，近还是远？皆是此理。

　　第三，词是实，也是虚。读诗读词，若只关注字词本身，便是虚妄。

譬如光秃秃一个"桃花"算是什么景致？要让桃花有焕然生机，必得有"流水"映照。只有西塞山若没有白鹭飞，山就是死山，白鹭一飞山都有了生机。因此，教给学生学会掌握词中的语词联动是极为要紧的事。单纯割裂的字词都是一叶障目，不见泰山的误读，必然要在分开抽离出实景实词之后再放入整句整首中感悟。因此，所有的眼前景都在最后一句中包孕起来，就是那个"斜风细雨"起到的妙处。单纯的风和雨都不算什么美妙，现在这"斜风细雨"落在何处？落在青山绿水中，笤溪水面上就有着不同寻常的意境；"斜风细雨"落在什么人的边上？落在失意的人身上是烦躁不堪的"欲断魂"，落在静穆的青箬笠绿蓑衣上，不，是背后的那个泰然自若的人身上就禅意顿生。如此的"斜风细雨"中，词人就忘却了凡尘俗物，不是贪恋水中鳜鱼，不是贪恋岸上桃花，甚至不是贪恋山水佳处美景，仅仅是贪恋那份难得的沉入山水、沉入自在的心境，便物我两忘了。会心当处即是，此处已经是我心灵的居所，还回家干什么？因此，若说前面的景物都还算不得流动的话，加上这斜风细雨之后，山水就活了，一切都有了一种玲珑的水意。这是一颗至纯至朴的随意安放的玲珑心。读词，必须要前后关联，把字连成词组，把词组连成画面，然后抽离自己到高处，看着整幅画面，每一个景物才有了一个恰当的安放空间。这就是好词的神妙。

第四，归是实，也是虚。"归园田居"早已成了历代中国文人的梦想，但在这个梦想之前必然有一段入世的遭遇，张志和也是如此。这个以闲云孤鹤自比的诗人显然比那个"孤舟蓑笠翁，独钓寒江雪"的老人洒脱得多，想来是真的爱上这宁静，闭口不谈垂钓之事，以鳜鱼为饵钓得"一川烟雨任平生"般的宠辱不惊也算是真正的渔人了。李煜深得其中真味，他的那首《渔歌子》也是佳作："一棹春风一叶舟，一纶茧缕一轻钩。花满渚，酒满瓯，万顷波中得自由。"虽然水势浩大了一些，但似更有一种随波逐流的坦然。值得一提的是张志和哥哥的那首应答之作《和答弟志和渔父歌》："乐是风波钓是闲，草堂松径已胜攀，太湖水，洞庭山，狂风浪起且须还。"这既是应和张志和也是善意的提醒。从屈原的《渔父》开始，渔人的形象便开始在诗词中闪现，深具道家的逍遥之境。云水间，盖渔夫总是一个比较洒脱的身姿吧？这又是诗词中一个重要的物象。

需不需要跟孩子讲官场失意，看破红尘才归去来兮之类？若真讲这些，四年级孩子当然是一头雾水。之于四年级，我们所要孩子们解读到的仅仅是"沉迷自然，乐而往返"即可，大可不必探讨人世喧嚣。对于孩子，没有什么比自然更适合启蒙了，即使《渔歌子》背后有偌大的一个隐逸文化，也大可放手省去。因为，过多地给孩子灌输意识形态，哪怕是一种出世的态度，也是不必要的。孩子只需要感受由词本身所带来的纯净的美即可。幸好，张志和这首诗托物言志，不着意识，还物本色，宛若天成。是上品。

游子？归客？

——关于陆游《游山西村》

莫笑农家腊酒浑，丰年留客足鸡豚。

山重水复疑无路，柳暗花明又一村。

箫鼓追随春社近，衣冠简朴古风存。

从今若许闲乘月，拄杖无时夜叩门。

陆游的诗很容易被烙上爱国色彩，这首诗作有没有这样的印痕呢？

《游山西村》几乎可以称得上是充满生活情趣的诗作，一派天然。在陆游的诗中，并不多见。暂忘其金戈铁马的生涯，这首诗有着非常纯粹的田园情怀。

这首诗句句都沉浸在一片农人的喜悦之中，具有悠远古朴的狂欢色彩，腊酒鸡豚的尽情享受，箫鼓春社的喜乐情景宛若在目。因此本诗所流露的情调别具特色，在古诗中除了《过故人庄》之类的可及外，还真不多见。《归园田居》是清淡素朴、超然物外的，而此诗则兴致盎然，俗世的欢乐在字里行间陶醉。山西村在绍兴的三山乡，也是作者的故乡，因此，全诗起在一个"游"字上是别有深意的。对于一个故乡人来说，怎么称作"游"呢？

此诗写于孝宗乾道三年（1167），作者时年45岁，应该算是正值中年，按理不该荣归故里。但是此次回乡却是因极力主张张浚北伐，被投降派劾以"交结台谏，鼓唱是非，力说张浚用兵"的罪名，罢归故里，作者心中当然愤愤不平。正是带着这种心态，陆游踏上了归家的路。于是我们看到了一个踽踽独行、满怀疲惫的诗人在山路上盘桓，慢慢地近了。这是一个游子归家，一个归客回游。显然，作者并没有把自己定位于归客，他远离故乡已不知多少年，此次又非荣归故里，而是黯然归田。作者心中除了伤感之外，总还想着有天否极泰来。但这只是作者路上的心态，当他靠近山西村的时候，情景完全不同了。

"山重水复疑无路，柳暗花明又一村"是千古名句，解读它成了解读整首诗的关键。我以为此句有如下妙处：

一、虚实相间，犹抱琵琶半遮面

这句诗的精彩在于虚实相间，写的是眼前景，但是，又巧妙在写实的同时又富含意趣，若隐若现。看见山西村了吗？没有。看到具体的谁了吗？没有。看到他们在干什么吗？没有。因此这里的山重水复和柳暗花明，使得前后描写村庄的风情部分呈现了欲遮还休的效果。箫鼓声隐约在山的那边，只闻其声，不见其人。古村落在绿杨荫里深处，也是具有中国画中留白的效果，似乎只看到一角白墙，至于白墙里面的情致和人物，我们早已听到了笑声，早已闻到了腊酒的芬芳，早已飘出鸡豚的香味。所以这两句诗嵌在中间，具有极为传神的"轻纱"的效果。滤去了农人的劳累和艰辛，朦胧间，将生活的诗意显现其间。从诗的艺术表现手法上来看，这一句起到的效果足以勾连上下，同时欲言又止。

二、远近和宜，草色遥望近却无

我们必须关注作者的站立点，他是站在一个极为恰当的地点写下这句诗的。他站在山的拐角处，一个不清晰也不模糊的地点，站在村口，一个离家不远又徘徊不前的乡关。这个地方使得诗人有了对前尘往事的回望和不可期许的未来的展望。我们看到的是一个被微风气息醺得迷醉的诗人，脸色红润，发须凌乱，步履轻盈，衣袂飘飘。硝烟纷飞了，箫鼓声处，他的心融入队列其间，不知今夕何夕。他觉得这不是归途。那么，辗转了半世的风尘，山重水复之间，路在何方？归去，从此云无心以出岫，鸟倦飞而知返？可是，他还没有疲倦。但是，他又明显感受到了家的亲切，还没到，便以夹道相迎，这种连空气中都弥漫的人情，又怎能不使陆游感觉家就在前面？往前一步，拐个弯，他便进入了另一个桃花源。"又一村"即是一派物随心移的新天地。也许，暂时躲避，也未尝不是一种人生！

三、归去来兮，日暮乡关何处是

归还是游？这是个问题。作者把自己当作"留客"中的"客"，鸡豚满桌，是否真的留得住？因此，既是暂时的归人，又是永恒的过客。襟怀抱负的陆游从未想过有天若陶渊明一样躲避官场，置身世外。他的天地在沙场，却不幸成全了文坛。对陆游来说，此时的他处在人生的交叉点上。未来迷茫一下子无路可走，归也不是，走也不是，但他心中一直是有豁然的丈夫气概的。对照虚伪的官场，家乡纯朴的生活自然会让他产生无限的欣慰之情。他甚至念想着有朝一日能乘风而来，拄着拐杖，月下叩门。那是在什么时候呢？诗人也明白，很远，缥缈不可及。因此，等到"闲"时才"许"，况且，"若"毕竟只是一种假设的存在，是瞬间掠过的归隐情怀，转瞬即逝。此外，诗人虽貌似闲适，却未能忘情国事。执政者一时目光短浅，无深谋长策，然而诗人并未丧失信心，相信总有一天依然会东山再起。这种心境和所游之境恰相吻合，于是两相交涉，产生了传诵千古的"疑无路""又一村"一联。

因此，和诗人一样暂时忘却，才是在小学课堂解读此诗的关键。

这样的诗，我们在执教的时候第一个原则就是洗尽铅华，还诗作自然的本来面目。

所有的背景在此都可去掉，唯一留下的一个疑问是归客怎么说游？让学生从中去找。作者在多年未回已显陌生的山西村看到了什么？听到了什么？作者把感受句放在前面，而把叙述句置后，这样安排更加突出主观感受。执教时要抓住这一点。同时，诗总是有很多空间需要补白的，把更多的感受放在作者还没进入村子前：他仿佛看到了村子里怎样的场景？从哪里读到不知所前，无路可走？"山重水复疑无路"。从哪里能读到作者的心情豁然开朗？"柳暗花明又一村"。执教这样的诗作，实解不可取，以想象说话补虚相对较为妥帖。只需让孩子感受到作者从一个游子慢慢地被眼前的情景溶化成一个归客的感觉就可以了。

一枝杏花，满树春天

——关于《游园不值》

应怜屐齿印苍苔，

小扣柴扉久不开。

春色满园关不住，

一枝红杏出墙来。

一首家喻户晓的诗究竟能读出多少新意呢？

"一枝红杏出墙来"自然是好，点染了落寞的初春，成为千古名句。因着上句的"春色满园关不住"，一关一开。满园在内，欲见不见，无穷想象；一枝在外，不见而见，意外的心境映照。但我觉得，若要真正体会"红杏出墙"的美，仍在于前面被世人所忽略的小小的植物：苔。

"苔"是什么？阴暗潮湿处的小小植物，不起眼，容易被人忽略。诗人能看到如此幽微的小生命，是因为他正低着头在踱步。这一低头，心境正好与苔相遇。什么样的心情？略略潮湿的落寞，初春时节的微寒。走得不快，所以，木屐印在青苔上，有淡淡的痕迹。平日里，这是一条少人的小径。那么，有着这样的小径通幽的主人在不在家呢？显然不在。

不在还去吗？去啊，来之前就没相约，兴之所至，即使感觉不在家，"我"也踏着软软的小径去走走吧。于是，诗人"小扣柴扉"，却"久不开"。不开门是意料之中的，所以，诗人心情并不因此急躁。来看是一回事，见不见又是另一回事。叶绍翁或许想到了王子猷雪夜访戴，兴尽而返，

73

何必见戴？访友是一个散心的理由罢了。谁能映照这种随喜的心境呢？一个"怜"字，既是对苍苔的怜惜，又是对自己的比照。苔有苔的美，不争芬芳不争春，遗世而独立。袁枚有《苔》诗："白日不到处，青春恰自来。"像标榜性灵说的袁枚一样，叶绍翁同样洞察幽小，此刻看苔，看见自己。

现在，诗人打算回家，转过身无意间抬头看看，他发现斑驳的墙壁上头伸出一枝小小的杏花，颜色还不是很深，但却足以让仍显萧瑟的早春平添生意。在虚掩的木门里面，隐约有绿色点染。那么，此刻深墙里，必是春色满园了。门关不住春天，就像心门关不住诗人的脚步，随性而至，不经意间，看见了早春第一枝。

此处，这句信来之笔成为千古名句，一是由于前面的情境的"关"：柴门的关，心门的关；二是由于时间的"久"：敲门的久，漫步的久；三是由于姿态的"低"：低头看苔，低头走路。现在，有了最后一句"一枝红杏出墙来"，冲破了重重情绪的低压，一下子抬头看天，豁然开朗。乃至园内的"满"，也因得这"一"枝，有了层层蔓延而上之势。假使没有，也无妨诗人和读者的想象。这便是真实的"虚和少"带来想象的"实和多"。最为重要的是，诗人借由这"一枝红杏"让自己的落寞心境有了孤高不孑的释放，这一次无由的闲庭信步，便有了意外的"值"。

"苔"与"杏"，一低一高，一绿一红，映射两种心境。唯一相同的是，都被主人遗弃在春天里。"各有心情在，随渠爱暖凉。青苔问红叶，何物是斜阳？"（袁枚）常年处于偏安角落的青苔，恰如诗人，寻觅着生命的随喜安顿之美。如果把小诗中间的"红叶"换成"红杏"，把"斜阳"换成"初阳"呢？卑微如青苔，庄严如晨曦。也是另一种美吧。

实际上，这句诗并非是叶绍翁首创，同时代的陆游在稍早的时候，有过一首《马上作》：

> 平桥小陌雨初收，
> 淡日穿云翠霭浮。
> 杨柳不遮春色断，
> 一枝红杏出墙头。

最后一句，完全是照搬的。但似乎没有人在意叶绍翁的借用。这是为什么呢？大概是陆游的小诗中，失去了《游园不值》的心境，仅只作为春色景物的白描，终究不打动人心。平心而论，陆游的诗是好诗，诗中翠绿映红，又蒙上一层雨后薄雾。但是以"断"衬"出"，便总觉得红杏在杨柳中显得突兀，生生地杵在里面了。加上前面的"收""穿""遮"，动态有余，静态不足，动静不相宜，便失去了叶诗的含蓄之美，没有喷薄而出的生命力。

但这一句，也并非是陆游的原创。唐朝有个诗人叫吴融，似乎应该是这一句的首创者。看得出，他很是为此句得意，在自己的两首诗中接连使用：

《途中见杏花》

一枝红杏出墙头，

墙外行人正独愁。

长得看来犹有恨，

可堪逢处更难留！

林空色暝莺先到，

春浅香寒蝶未游，

更忆帝乡千万树，

澹烟笼日暗神州。

《杏花》

粉薄红轻掩敛羞，花中占断得风流。

软非因醉都无力，凝不成歌亦自愁。

独照影时临水畔，最含情处出墙头。

裴回尽日难成别，更待黄昏对酒楼。

第一首就像是吴融看见叶绍翁的时空迁移，有点类似于"你站在桥上看风景，看风景的人在桥上看你"，佳句一字不动被陆游借用，叶绍翁只改一字。此诗倒是由物及人，但点"愁"过于直白，后两句索然无味。倒是

《杏花》小诗正面描写，算得情致动人。前两联过于脂粉自拟，后两句则风情渐出，弥漫着淡淡的孤独离愁。可以看出，叶诗的境是直接化用吴融的诗作而成，却将自我身影巧妙内化，内界的苔和外界的杏花，两相而成，技高一筹。古人写诗多借用，拙劣者东施效颦，巧妙者翻出新意，叶绍翁遂出前人之上。

杏花，历来在诗歌中屡见不鲜，即使不重复"一枝红杏"，也佳作甚多。这是很有意思的。诗人写诗，多有迭代传承的意象。但是杏花并没有明确的意象之说。汉代有民谚："二月昏，参星夕，杏花盛，桑叶白。"杏花是早春之花，在二月即盛，如此看来，在百花尚未吐艳之时，杏花也成了大地的红装。但如杨万里所说："道白非真白，言红不若红。请君红白外，别眼看天工。"杏花在红白之间，并不以色取春天，她最为世人关注的是在肃杀的早春，在新绿未抽之际，提前宣告了春天的到来。多数时候，杏花还和二月细雨相连成景："沾衣欲湿杏花雨，吹面不寒杨柳风。""小楼一夜听春雨，深巷明朝卖杏花。"以至于杏花春雨江南，成为一种固化的古典风景。当然，也有例外：宋祁的"红杏枝头春意闹"，便和多数咏杏花诗作格调不同。王国维在《人间词话》中对此诗推崇备至："著一'闹'字而境界全出。"我倒觉得不仅是"闹"字烘托了春意盎然，更因为后面的两句"浮生长恨欢娱少，肯爱千金轻一笑"，在以诗言志的道统下，这句及时行乐的张扬，便有了惊世骇俗的勇气，这是多数古代文人虽不能言，却心向往之的情怀，假托红杏的"闹"而将生命力完全释放。后世将"红杏出墙"喻作女人突破束缚，追求自我欢愉，和宋祁的红杏一脉相承，而非叶绍翁的小心翼翼。

汉代有个著名的典故"杏林春满"流传至今：

董奉者，字君异，侯官人也。奉居山，不种田，日为人治病，亦不取钱。重病愈者，使栽杏五株，轻者一株，如此数年，计得十万余株，郁然成林。乃使山中百禽群兽，游戏其下，卒不生草，常如耘治也。后杏子大熟，于林中做一草仓，示时人曰：欲买杏者，不需报奉，但将谷一器置仓中，即自往取一器杏去。奉每年货杏得谷，旋以赈救贫乏，供给行旅不逮者，岁二万余斛。

这位位列"建安三神医"的著名医生，虽没有像张仲景、华佗那样留下医学著作，却留下了这一段佳话。现在人们经常将"妙手回春""杏林春满"制成匾额、锦旗送给医道医德都高尚的医生。此外，在《庄子·渔父》中有记录：

孔子游乎缁帷之林，休坐乎杏坛之上。弟子读书，孔子弦歌鼓琴。

从此，"杏坛讲学"成为教师传经布道的代指。如果说"杏林"是身体的希望之林，那么"杏坛"便是心灵觉醒的道场。两者之间，或是巧合，抑或是有隐秘的关联。

一枝杏花，满树春天。

看山不见山
——关于《题西林壁》

> 横看成岭侧成峰，
> 远近高低各不同。
> 不识庐山真面目，
> 只缘身在此山中。

元丰二年（1079），对于苏轼来说，是人生中的一个不平凡年份。"乌台诗案"险些让他丧命。经过 103 天的牢狱生活，苏轼被贬黄州任毫无实权的团练副使。与之前 10 年他在江南清丽地做知州不同，从黄州开始，苏轼真正开始了他的第二个人生，苦难开始发酵，诗歌开始转型。在去黄州赴任途中经过九江，他顺道去看了庐山。彼时的心境，在《初入庐山》一诗中，展露无遗：

> 自昔怀清赏，神游杳霭间。
> 如今不是梦，真个是庐山。

苦闷需要自我排遣。当年想必苏轼也读着李白的《望庐山瀑布》，向往着来此做一回神仙。但此次前来，虽实现了愿望，却是这般际遇。庐山能了解他的心情吗？这份苦不堪言的自嘲心境浓缩在大白话"真个是庐山"中。此时的庐山，对苏轼来说，又有怎样的真面目呢？庐山还是庐山，我还是原来的我吗？

　　庐山终究有幸遇上了这个真正的谪仙。苏轼的三首《题西林壁》让庐山不再徒有"壮观"之类平白的描述，它和一个遭遇复杂的人相遇，必然呈现了复杂的多面：

横看成岭侧成峰，远近高低各不同。

　　苏轼用一句诗便将庐山的形态各异直呼而出。这里面包含了六个视角："横、侧、远、近、高、低"。简单地说，看山也不过如此了。和李白不同，苏轼没有直接描摹某一个具体的景致，而是对庐山做了概述，甚至，他都没有具体点出哪个特征。当然，他的本意便在于此，不过是借庐山说自己的心事罢了。在庐山前，苏轼走过的名山并不少。比如，杭州群山环抱的西湖，他说"水光潋滟晴方好，山色空蒙雨亦奇"，他爱一个地方，愿意把她看得淋漓尽致，甚至也不惜笔墨加以渲染。杭州的苏轼可谓春风得意、政绩显赫、百姓爱戴，亲自装点的西湖，怎么可能不好看呢？四季西湖，都令他流连。但在庐山，他是不愿意将这些美好的词语奉上，还是心中有话不想说？"乌台诗案"让他觉得语言的风险，说多说少、说好说坏，不在于自己怎么写，还在于别人怎么读。简单地说，诗一旦发表，就由不得自己了。他也知道，刚脱离生死牢笼，此时更识趣的做法，应该是闭嘴不谈。但苏轼天生不是政治家，他生命中对于真相本质的追问秉性，只需要被山川水月轻轻一点拨，玄机便一语道破。庐山的云雾缭绕、山高水深，相对于此时的他，再适合不过了：

不识庐山真面目，只缘身在此山中。

　　他说看不见山，因为自己在山里。是不是这样呢？真看不见，为什么在前面要巨细无遗地说自己会看山呢？苏轼确实认为自己懂得庐山，他看到了庐山层峦叠嶂的"岭"，看到了险峻挺拔的"峰"，看到了缥缈无定的"云"，看到了遒劲苍茫的"松"。谁会怀疑一代文坛领袖不懂风情？就是这样的自以为是的"懂"，却令他遭遇李定的抽丝剥茧。当初在浙江写下那么多懂得民生疾苦，懂得人与历史和自然相处法则的诗作，都被当成了造反的野心。他想起当初八月十五东海看潮的意气风发，歌咏钱王射潮的英勇豪迈，却全成了他的罪证。好了，到了庐山，不说总行了吧。他藏起来，故作不解地轻轻叹息，却又道出了"见"与"不见"的辩证关系：深入其间，已经看得明白，抽身而出，方能看得周全。当局者迷，旁观者清，自己究竟是个当局者，还是个旁观者呢？这复杂的人世，如何能让自己安心写几句诗呢？苏轼给了看清真面目一个肯定的悖论：人是永远无法真正读懂人世的，因为自己身在其中。要看明白，必须要跳出"我执"，还他个肉身真实。这是苏轼在走遍庐山，回到西林寺，听着暮鼓晨钟，写下的禅机。"夜来四万八千偈"，他听着庐山的溪涧水，辗转难以入眠。此生前途未卜，庐山的物我两忘，恰似开悟一般，夜阑俱寂，豁然开朗：

> 庐山烟雨浙江潮，未到千般恨不消。
> 到得还来无别事，庐山烟雨浙江潮。

他确实挂念着令他百口莫辩的"浙江潮"，耿耿于怀，但这又能怎样呢？钱塘的繁华已过，牢狱之灾已过，我还是我，庐山还是庐山，潮水还是潮水，本来只一物，何处惹尘埃？从浙江潮的汹涌中走来，庐山的烟雨抚慰了诗人的焦虑，空蒙山色，让他看清了自己。这三首极富禅意的《题西林壁》，是苏轼两种人生的过渡。我甚至觉得，路过庐山，来庐山开示，是上天赐予苏轼的福报。从此，苏轼告别过去的旖旎精致，转向对自我和他我的超拔。接下去的黄州一驿，才辉映别样的华彩，留下了他一生最重要的作品。今后的种种挫折，再也没有令苏轼挫败，他的人生不断向死而生，转出层层大境界。

世间诗人多爱看山，自以为懂得看山的也不少。且不说距离遥远的李白，同时代政见不同的王安石也在浙江登过同样的山，他自然无心看满山的风月，一开始就认定登高望远这一千古仕途真理，是个天生的政治文人。

> 飞来山上千寻塔，闻说鸡鸣见日升。
> 不畏浮云遮望眼，自缘身在最高层。

　　青云满志，意气风发。巧合的是，最后这一句恰似和苏轼呼应。一个说"只缘身在此山中"，苏轼只想看清自己，是自己和自己的参禅悟道。一个说"自缘身在最高层"，王安石更想着出仕入相，以为高人一等，那样更能看清山的真面目。但是，王安石的回答，苏轼未必满意，因为他早就知道"高处不胜寒"。两个大人物这辈子没怎么和气过，大约也确实是骨子里的志趣不同吧。

　　苏轼看见了真正的庐山，那就是他自己。

空山不空

——关于《鸟鸣涧》

人闲桂花落，
夜静春山空。
月出惊山鸟，
时鸣春涧中。

一、静夜不静，空山不空

初读之后，我让孩子们自己说说这首诗描写了怎样的景象。显然，这首五言小诗，学生并没有放在眼里。按字面也确实很容易说出小诗的内容。接着我问，小诗中的哪一个字最能代表整首诗给你的感觉？大部分学生选择了"静"。理由很明显：桂花落下来都听得见，很静；月亮出来把鸟给吓着了，很静；远处山涧的水在流淌，很静；人空闲下来在山中看这些风景，很静。六年级的学生也容易说出，其主要的表达手法，运用了对比以"动"突出了"静"：以鸟的叫声衬托了夜的安静，用水声的流淌衬托了山的安静。这些基本的特征，学生自行阅读就能解决。

我接着问："那么，这么容易的小诗，为什么要放到六年级才学呢？我看一年级就够了，跟《画》很接近。找一找，诗中有没有令你疑惑的地方想问一问的？"学生沉默了一会儿，有个学生开始问了："山明明不空为什么说山空？"显然，这个问题才慢慢开始抓住了这首诗本质。我让其他同学去帮助寻找答案。空山里有什么？学生说有花、有水、有鸟、有人。既有景物又有声音。我说："对啊，明明有声有色，为何是空山？"有一个学生说："第一句中说到'人闲'，就是说，人空下来就觉得心情很舒畅，那么眼前即使有景物他也觉得没有牵挂了。"孩子聪慧，天生都是读诗高手。我说："那么你们的意思是不是山空，而是人空了？姑且这么说吧，下面诗句中能否看出人空？"学生说："这么晚了不睡觉，却坐在山中等月亮升起来，这是很缓慢的过程，可见，诗人有的是时间。"另一个说："他心里觉得空空的，很远处传来的水声、鸟叫声都听入耳中，可见，是心里没有杂念的。"我说："这样一来，大家看到的感觉，是景物，也是作者的心情，还有问题要问吗？"有一个学生又问："诗中有很多看起来矛盾的地方，这是写春天的诗，为什么会说'桂花落'？"好问题！我继续转问大家："这是很明显的矛盾啊，怎么大家都没发现呢？谁来帮助诗人解答？"无人举手。大概这个问题确实难倒大家了。其实我知道，春天的桂花也是有的，作者大概说的是春桂。但我没说这个科学道理，仍然静等着。终于有个男生举手了，他说："我想可能是作者在山里久了，早就忘记了季节，也忘记了时间，是他的心空了。"这是一个惊人的答案。

二、空即是色，色即是空

我忽然想起其他两首著名的诗《山居秋暝》《鹿柴》，赶紧写在黑板上。

空山新雨后，天气晚来秋。明月松间照，清泉石上流。
空山不见人，但闻人语响。返影入深林，复照青苔上。

我说："我们继续来看王维的其他两首著名的小诗，大家想必一看就能发现它们和《鸟鸣涧》的共同之处了。"学生很快就找到了，这两首诗的开头都是"空山"。我问："在三首'空山'小诗中，你能看到作者的心情吗？"学生答："看不到，因为他写的都是自然景物。"另一位学生答："看得到，因为他都将心情融入景物中了。"我说："那是怎样的心境？"学生答："很安静，很空灵。除了山中的景物，没有什么其他可以让他牵挂的。"另一位学生答："心情是若有若无的，《鹿柴》中写到听到声音回过去只看到影子，似乎有点欣喜又有点失落。但最后还是平静的。"到这里，六年级孩子的领会也大致差不多了。我说："王维，字摩诘。连起来就是维摩诘。维摩诘是佛教中的一个人物，王维取这个名字，是因为他的诗中都有禅的味道。所以，王维被称为'诗佛'。"大家似乎从这三首小诗中也能感受得到，那种深居山林的清幽。有个学生说："老师，我知道了，这个空就是佛教中的'色即是空'"。很意外，我问："那这个'色'在诗中是指什么?"学生答："就是这些各种各样的景物，在作者看来，可有可无。"我说："所以，王维说：远看山有色，近听水无声啊。王维的诗确实有很多秘密存在，就像谜一样。我们一年级学的《画》也是如此。现在回过头回忆这首小诗，有什么新的发现吗?"有了刚才这位同学的思路，学生就一下子豁然开朗：也讲到了山、水、花、鸟、人；也有很多矛盾：远近的矛盾，时间的矛盾，季节的矛盾。这一切，对诗人来说，既是存在的，又是不存在的。既是自然界的画，又是纸上的画。

王维的诗是小学古诗学习的两个"括号"。从一年级开头的第一首诗《画》，到六年级的这首《鸟鸣涧》，大约括起的也是唐诗中的一道独特的风景。

这个随堂课气氛非常自由，没有音乐、没有幻灯，也没有讲王维的其他资料，却很有意思。最主要的是，三首空山，是即兴所拼凑。王维的诗是唐诗另一种意义的高峰。空山，是一道别致的风景。

睡在温暖花开的天堂

——关于安徒生《卖火柴的小女孩》

这是一个避绕不过、不得不说的文本。

选择《卖火柴的小女孩》这篇文章实际上是选择了"火柴"，选择了一个迄今已有百年的文学意象。这个文本沈大安先生有过解读，其主旨也是在过去的社会制度的教条与西方的宗教信仰上的文本意义做重读，值得借鉴，尤其对沈老来说，无异于对自己过去教参编写的一次反思，值得尊重。窦桂梅老师基于文本细读维度字斟句酌，同样在宗教背景下重读安徒生，值得一读。我认真地细读学习过两位的见解，受益颇多。作为在《新青年》上第一篇被介绍到中国的安徒生童话作品，《卖火柴的小女孩》的文本意义从一开始便呈现了它的苦难与高贵。这篇现实主义童话并没有人们所期待的神秘色彩，没有"从此，王子和公主幸福地生活在大森林中"的梦话，更没有安徒生其他作品呈现的跌宕的故事和绚烂的笔触。它的高贵源于它的朴素，源于它的简约，甚至源于它不像童话的悲剧色彩。安徒生中后期的创作开始面向现实，开始脱离他早期的唯美和浪漫。《卖火柴的小女孩》这个最不像童话的童话确实具备了走向人生终极信仰的倾向，这种倾向在晚期的创作中日益明显。从这个文本开始，安徒生这位"被上帝吻过的人"具备了一种悲天悯人的神性光辉，而笔尖却朝向冰冷的现实。他要表达最幸福的渴望、最温暖的愿望和最永恒的希望，但他要描述的却是彻底的贫穷，彻底的寒冷和彻底的绝望。这两种看似强烈反差的两个极端却在这篇文本中完美地融合，这就是经典。对比，于是成了这篇童话最具特色的艺术手法。

一、文学意象选择的对比

小津安二郎的电影，便是最寻常的日常生活，一段楼梯，一扇窗户，一个茶杯，常在缓慢叙述的镜头中泛化出醇厚的从容平淡，生活的真味仿佛能从影像中闻得味道。人的生活情绪是由诸多相伴相随的元素拼接而成的，一个冲淡宁静的人，便是他的茶杯；一个热闹嬉戏的人，便是他的牛仔裤；一个富贵浮华的人，便是他的黄金粗项链。意象的构成有时间的沉淀在里面，一个单纯的物品若不和生活关联，物就只是物，若仅有单纯单一性的关联，物还是物。"柳"若不与送别关联，就只是一棵树，它要成为文化的一个符号，就必须附加历代诗人的唱诵，就必须有"昔我往矣，杨柳依依"到"晚风拂柳笛声残"两千年的光阴叠加。文学上的这种意象还常和社会生活、风俗发生密切关联。比如"钟声"，除却佛家晨钟暮鼓的礼佛仪式之外，还有"夜半敲钟""新年敲钟"等各异的习俗，因此，"钟声"就具备了开启黎明、启发心智的意义。中国文学多的是这种千百年诗文积淀、民俗熏染而成的符号。因此，意象的选择对一个成熟的作家来说，既是刻意的，又是随意的；既是生活的，又是社会的。这样，才能与千万个读者发生似曾相识却不用言明的默契。中国如此，其他国家也有相似的发展路径。

作者选择"火柴"这个意象显然是有深意的。安徒生所生活的时代，底层的孩子求生的手段并不多，卖火柴、卖报纸等成了很多孩子帮助维持家庭生计的方式。因此，写一个小女孩，等于写了一个群体。为什么一定要是火柴而不是报纸？因为火柴是温馨的、暖和的、光明的，它对应着孤独、寒冷和黑暗。同样，火柴的微弱、渺小、短暂同样对应着现实中大人的冷漠、大街的冰冷和黑夜的漫长。我们几乎可以看到欧洲冷峻纵横的街道上那个无处徘徊的小身影。以一束几乎可以淹没在黑夜之中的小小火光对应这个世界，那毕竟是容易令人忽略的。为什么一定要是小女孩？在文本中，我们可以看到这样的文字："那是一双很大的拖鞋，那么大""两辆马车飞快地冲过来，吓得她把鞋都跑掉了""另一只叫一个男孩捡起来拿着跑了"，显然，我们随时能读到这样一个被世界忽略的女孩，谁在乎她有没有鞋？谁在乎她在街上走着？谁在乎她的鞋子哪怕那么大却也仅有这一双了？小女孩的柔弱和美丽映衬着这个忽略童真的冰冷现实，那束火光自然也仅仅是她一个人的世界，并没有人在乎这街角刹那的光亮意味着什么。因此，直到第二天人们发现时，也仅仅是轻描淡写地说："她想给自己暖和一下。"

时间和地点的设置也着力强调"除夕夜"和"大街"。为什么是"除夕夜"？那是一家人其乐融融的团聚之夜，是上帝眷顾他的安琪儿的夜晚，是每一个孩子童年时代最渴望的愿望之夜。而这个小女孩却踯躅在街头，她不是没有家，而是"家里和街上一样冷""她爸爸一定会打她的""一向是她妈妈穿的"，这也意味着她有一个完整的家，却没有人爱她。这是穷人孩子最深的痛苦所在。但，作者并没有给我们再现这个小女孩在家里被爸爸打的模样，我们却从小女孩宁愿饿死和冻死在街头，也不愿意回家，更能看得见那种有家不敢回的恐惧。这也是将这个小女孩设在人来人往的大街上的重要原因，人多衬托了个人的孤独，人多衬托了人群的冷漠，人多衬托了生命的卑微。大年夜，她不是天使，也不是人群的宠儿。但她也可以有愿望，安徒生抽离了她身上所有现实生活中的幸福，只剩下了仅有的火柴发出的愿望。

二、语言形式表达的对比

和意象架构的对比一样，形式表达上，这一则简短的童话具备了出色的谋篇布局体现出来的行文上的节奏感。"对于大多数人而言，形式是一个秘密。"这句话出自亨利希·肖尔兹的《简明逻辑史》。简单地说，物质的存在并非通过它的内容得以相认，而往往是通过它的形式。比如你说这是一块砖头，它必然是以砖头的形式来存在的，你不会说那是泥土经过一定的处理，并经过高温熔烧之后形成的一种物质，这块砖头的内容实际上还是泥。你区分出砖头，必然边上有非砖头的物质存在。这就是说，分子组合的形式决定了你区分出砖头、石头、泥土。这个区分的界限就是物质组合形式的不同。每一篇文章都是字的排列，由于形式排列的不同，内容才具备了不同特点，如果没有形式的组合，就只是一堆没有意义的文字而已。形式的缀连往往是有彼此前后的关系排列，而不是独立存在的。如此说来，怎么表达显得相当重要，而看一个句子的表达必然是放在全文谋篇布局中去看的，否则没有意义。《卖火柴的小女孩》简单到幼儿园的孩子都能懂它的故事梗概。但文学通常不以故事来衡量优劣，因此，那些上课只关注故事情节的教学方法常常是一叶障目不见泰山，没有关注到本质的东西——文学语言的秘密。我们要带领学生去寻觅的，便是由形式构筑而成的一个独特空间，我以为这才是语文教学的本质所在。我对小学阶段不能开展文学教学的观点始终持保留意见——文学跟年龄真的有关？它真的是属于特定的年龄的？那只是认识到了表象阶段的文学概念，并不是它的本质。

《卖火柴的小女孩》这篇文章的起句是"天冷极了，下着雪，又快黑了"，这句话完全可以说成"这是一个很冷的下着雪的夜晚"。读一读，是不是一样？虽然表达的意思一样，但是形式的组合决定了它们的区别，这就是故事和文学之间的不同。语言的节奏感因为表达的不同一下子呼之欲出。课文中这样的起篇给读者带来一种缓慢静穆的定式，你的阅读会放慢，你会沉下心来进入这一个下雪的冬夜，你会感受到小女孩的步伐也是缓慢沉重的。读者的感受正是被作者的表达不由自主地带入阅读。课文的前半部分都是这样缓慢的，这是作者营造的一种语言节奏，能让每一个读者对这个小女孩产生一种切肤而细腻的怜爱。当然，最主要的是为了后半部分擦燃火柴产生幻觉之后的急切做先抑后扬的铺垫。这是情感铺垫，却是由语言的表达所带来的。因此，这个文本很容易区分出来前后两部分，不单是故事的转换，更是色调的变化：前面是冷色调，后面是暖色调。是语言节奏的变化：前面是舒缓悲戚的，后面则是急切渴望的。我们来看："哧！火柴燃起来了，冒出火焰来了！""烧得旺旺的，暖烘烘的，多么舒服啊！""火柴一灭，您就会不见的，像那暖和的火炉，喷香的烤鹅，美丽的圣诞树一个样，就会不见的！"读着这些语言，必然是迫切的、急促的，要把小女孩心中无尽的渴望表达出来。而这一种语言的前后对比助推了情感的落差，使得每一个读者在沉浸幻想的同时，更感受到现实命运的楚楚可怜以及耽于幻想的合情合理。

类似于这种表达，其实在《凡卡》一文中，更加鲜明突出。作者为了衬托凡卡对童年美好生活的向往和现实残酷的反差，不但以"信"和"回忆"在叙述方式上穿插，更主要的是在表达上也形成了鲜明的差别。比如其中一段回忆过往的开头是这样的："天气真好，晴朗，一丝风也没有，干冷干冷的。"这种独特的短句表达暗示着接下来叙述的愉快和跳跃，一读就能明显感受到这样的语言形式带来的情绪。"白房顶啦，烟囱里冒出来的一缕缕的烟啦，树木啦，雪堆啦，全看得见。"这些并排罗列同样地展现了一幅农村雪天的美好画面。实际上，从内容来说，这仅仅就是北方农村常见的雪天，甚至应该是漫天的寒冷。但是，在文章中我们丝毫感受不到寒冷，正是由于这欢快的语言节奏。而每一次切换到"信"所陈述的现实部分，一下子显得沉重拖沓，充满了叹息。因此，阅读经典文学作品，我们须敏感地关注到作者语言表达的形式，这与接下来探讨的文本主旨息息相关。

三、终极价值关怀的对比

每一则童话都有这一则童话意欲表达的主旨。但是，由于童话是以儿童的语言和视角辅以夸张想象的文学形式，因此，主旨往往比现实主义作品更隐蔽。伟大的童话作家无论描绘的是怎样夸张离奇的故事，落脚点往往仍然是现实。只不过，这种现实的关注不同于一般的小说，它可以以更天真、更荒诞的形式表达，这也成了童话一再遭遇表象阅读的主要原因。浅读往往也有一定的原因，就是不要赋予童话过多的成人思辨，应该保留儿童的天真烂漫。而事实上，思辨的主旨取向与儿童和成人的阅读区别并没有多大关系。安徒生晚年的作品仍然冠以童话的名义，更确切地说已经属于现实主义小说了。教师往往忽略的一点就是，以为儿童由于阅读积累和人生阅历有限，必然是难以感悟深刻的主旨的，但童话的独特魅力却在于儿童体会到了，成人却难以捉摸。解析童话重要的一点就是抱有一颗单纯明朗的童心，而这却是很多成人被过早蒙蔽掉了的。因此，我们常会发现课堂中孩子能敏锐地直达要旨，听课的教师大都还一片迷惘，觉得执教者过于故弄玄虚。读柯云路的《童话人格》，我们就会明白童话的经久魅力，不在荒诞有趣的故事本身，而是常读常新的魔力。他说："那些流传广泛的童话是整个人类的故事，是一切儿童的梦。""童话故事之所以深受儿童喜爱，引起他们心灵的共鸣，是因为它道出了儿童心灵的梦；之所以也被成人喜爱，是因为即使已经成年，但其人格心理还深刻着儿童时代的一切。"这便是童话的意义。毕淑敏说她一直有《海的女儿》情结，每一个年龄阶段读感受都不一样。王尔德的《快乐王子》有些小孩子会读得流泪，你让他说为什么流泪却说不清楚，成人正好相反，说起来滔滔不绝，分析得鞭辟入里，但无法再被感动。这样的情况下，怎么解释对主旨的把握？我认为，感动是最好的理解。《皇帝的新装》的反讽意味小孩子一看就会哈哈大笑，因为他就是那个说真话的小孩。因此，读童话，需以童话的视角，还童话以本身的逻辑。

《卖火柴的小女孩》就是讲述苦难的解脱和幸福的皈依的。无须怀疑安徒生这个基督徒对上帝的真诚。安徒生说过："我的魂灵中涌出一种虔诚，对上帝和对永恒的肯定；这种虔诚把这一瞬间刻在我的生命里，成为一座丰碑……她的魂灵就是爱，她走向了爱和上帝。"现实的苦难已经超越小女孩能够承受的最大限度，她不是不想更好地活下去，她更不是选择去死。没有错，每一个读者都看到了死亡，安徒生自己也明白，但是，小女孩不知道。面对着这一类带着神圣情感的文本，理性分析就显得不合时宜。因此，不妨先凭直觉去感受：为什么读到最后会有一种幸福的感觉洋溢心头？这分明是一个讲述死亡的童话，怎么会有这种奇异的感觉？这个直觉首先说明了安徒生着力刻画和给予的小女孩幸福的伟大，这是实实在在的幸福感受。一个主要的原因是前半部分呈现的现实痛苦，每一个读者都有随主人公一起规避苦难的阅读心理。起初看到小女孩在街头哆哆嗦嗦的时候，我们是难受的。但是，读到最后，当小女孩的愿望一次次破灭之后，我们内心也和小女孩一起渴望解脱。潜意识中，我们不用等安徒生告诉我们，也明白了，在这个冰冷的现实中，小女孩渴求的哪怕仅仅是微不足道的一点温暖、食物和慰藉都是不可能得到的。那么，与其这么痛苦，不如就真的离开这个世界吧！一个社会绝望到父母健全都不能给予孩子温暖的时候，她还有什么更好的办法活下去？这个时候，她随着奶奶一起去向天国难道不是最好的归属？这就是"她曾经多么幸福，跟着她奶奶一起走向新年的幸福中去"。很多打着"人性"旗号的读者是这样反驳的：我们应该努力让小女孩活下去，要给她希望。安徒生告诉你这种现实的可能了吗？这个"我们"是不是就是大街上的那些坐在马车里的人？或者是新年的早晨围成一圈说着"她想给自己暖和一下"的风凉话的路人？因此，安徒生最后留给我们的两个幸福并没有刻意制造凄惨的美丽，对于普遍具有宗教信仰的西方国度，向上帝皈依是实实在在的幸福的皈依。上帝长存内心，是他召唤苦难的小女孩在新年的那一刻成了他的安琪儿。

人是活在希望中的。如果一定要说死亡这个话题，那么，小女孩究竟死于什么？她完全可以继续活下去，成为一个和她母亲一样冷漠的女人。是不是这个冬夜特别寒冷导致她冻死？虽然书上后面也说是冻死的，但这仅仅是在人们眼中。是不是这个冬夜特别饥饿导致她饿死？难道之前卖火柴的岁月不冷不饿？又冷又饿是一个现实，但这并不是她死去的真正原因。试想，若没有勇敢地划燃火柴，她会不会死？不会！她依然和往常一样，和别的卖火柴的小孩子一样，在又冷又饿中长大。但她的不幸或者说是幸福便是勇敢地抽出了一根火柴，就从这一刻起，她便进入了她自己都不能控制的对幸福的渴望，她便具备了其他小孩子不曾有过的对美好的渴求。希望之火一旦点燃，又怎么可以轻易熄灭呢？她握着的火柴此刻成了她唯一的希望寄托，手中的一把火柴分明就是她的生命之火：一根，两根，三根，直到熊熊燃起的一束火光，开始在她幻象的视觉中出现奇迹。火柴燃尽，她还愿意回过头去面对那堵冰冷的墙壁吗？不会！所以，这个卖火柴的小女孩死于对幸福的渴望，她是在这极度的渴望中获得了永恒的幸福。前面叙述铺陈的现实阴影越大，后面渲染烘托的幸福光晕也就越大。这篇文章达到了弘一大师留给世人绝笔"悲喜交集"那样一种渡航彼岸、求证解脱的豁达，有此高度的文学作品极少。这就是到最后我们感受不到痛苦，反而有一种轻盈解脱的原因。这就是为什么课堂上学生会说出："那一刻，她真的活了，她的整个童年却是死的。"这个答案的境界超越很多老师几十年的执教经验。生与死的意义在这个答案中完全复活。

还童话以童话的面目就是跟着小女孩的命运走下去，随时抽身而出的执教者常会犯的错误就是告诉学生这些都是幻想，这些都是假的！然后说上一句，我们要给这样的小女孩以帮助！好像此刻师生成了上帝。你要知道学生是多么渴望跟着小女孩一起渴望啊！他们是多么愿意和安徒生一样，和小女孩一样把这些都当成是真的啊！为什么就不允许孩子的想象呢？文学总是给读者插上翅膀纵意驰骋。无须遥远地祈祷小女孩的命运，我们身边有的是这样的苦难，这种苦难无关制度，无关冷暖，无关饥饿，却同样轻易让人绝望，这才是深层次的悲哀。就如小女孩想要的并不是烤鹅，也不是火炉和圣诞树，她仅仅是渴望有像奶奶一样的关爱，即使她一直这么穷苦下去也心甘情愿。人都不是穷死的，而是因冷漠绝望而死的。中国的老师谨慎谈"死亡"，认为那会教给孩子绝望，于是，他们总是高歌颂扬生的意义。活下去并不是课堂上说说那么廉价的，而是需要长时间在现实中的求证，我们要做的是给绝望的人也有希望的可能，这才是这篇文章赋予世人的启发。安徒生以小女孩的死唤醒了这个世间长达百年的生的希望，这就是文学的魅力。小女孩的这把火柴也就永远点燃在那些有希望的人的心中。

四、课堂教学呈现的对比

课堂总是基于解读的一次呈现。解读应力求宽广深，这是给课堂呈现提供空间，可以根据实际博观而约取。理想的课堂应该是对解读的展现和提升，和最不确定的那个因素——学生产生碰撞的火花，使得课堂因丰满、立体、开放而生动。那么，如何呈现与文本气质比较接近的课堂呢？

我以为"对比"应该是这堂课主要的表达方式，这是和安徒生的文本表达一致的。四次对比架构了整体脉络：第一次的对比在上课伊始，也是统括前半节课的一个统领性问题：读一读课文，想一想，这一部分和前四个自然段带给你怎样不同的感觉？以对"幸福"直觉反应，在课文中找寻有关"幸福"的词句品析。第二次对比在中间，后两次擦火柴和前三次有何不同？这次对比是在引导学生向文本内在寻求突破，为后面的"幸福"的意义阐释做准备。尤其是第五次擦燃火柴是重点。第三次对比是在后面，对比两个"幸福"的不同。此时的课堂逐步进入深层次的生成环节。第四次的对比在最后，是一个延伸环节，为了说明结尾的表达方法，我采取对比世界儿童文学名篇结尾方式，让学生从中品读出这三位世界文学巨匠为什么都不约而同地选择了一种"幸福"的结局，同时，这些"幸福"又有何区别？这样的串联基本上以块状的方式解决了文本后半部分相对比较零散的行文布局，整体上仍是以学生的感悟为主，只有一个问题预设了插问：她究竟死于什么？我认为这个问题涉及了整个文本的灵魂，必须要探讨。伴随着四次对比，一条追寻"幸福"的主线渐次清晰。

我在解读执教的过程中，尝试过三个文本的互读。第一个是熊天平的《火柴天堂》。这个文本虽然是歌曲，但总体上把握住了这一则童话的本质。

一曲吉他声，就这样开始回旋在课堂中。

> 走在寒冷下雪的夜空
> 卖着火柴温饱我的梦
> 一步步冰冻
> 一步步寂寞
> 人情寒冷冰冻我的手
> 一包火柴燃烧我的心
> 寒冷夜里挡不住前行
> 风刺我的脸
> 雪割我的口
> 拖着脚步还能走多久
> 有谁来买我的火柴
> 有谁将一根根希望全部点燃
> 有谁来买我的孤单
> 有谁来实现我想家的呼唤
>
> 每次点燃火柴
> 微微光芒看到希望
> 看到梦想
> 看见天上的妈妈说话
> 她说你要勇敢
> 你要坚强
> 不要害怕
> 不要慌张
> 让你从此不必再流浪
> 妈妈牵着你的手回家
> 睡在温暖花开的天堂

　　熊天平在这段文本中，反复提到了"寂寞""孤单"，忽略了寒冷、饥饿这些表象的现实，直接指向精神层面，同时，"人情冷暖"的出现进一步指出了童话中所展现的几个"冷"的实质：天气冷（天冷极了），环境冷（又冷又黑），饥饿带来的冷（又冷又饿），亲情冷漠（家里和街上一样冷），人情冷漠（马车撞、男孩欺负等）。最为可贵的是，熊天平在曲子的编排上也把握住了冷峻和急切的对比，复调部分呈现出了火柴点燃时小女孩内心的迫切，堪称佳作。

第二个文本是海子的《面朝大海，春暖花开》，这首著名的诗歌和《卖火柴的小女孩》看上去很契合。

> 从明天起，做一个幸福的人
> 喂马，劈柴，周游世界
> 从明天起，关心粮食和蔬菜
> 我有一所房子，面朝大海，春暖花开
> 从明天起，和每一个亲人通信
> 告诉他们我的幸福
> 那幸福的闪电告诉我的
> 我将告诉每一个人
> 给每一条河每一座山取一个温暖的名字
> 陌生人，我也为你祝福
> 愿你有一个灿烂的前程
> 愿你有情人终成眷属
> 愿你在尘世获得幸福
> 我只愿面朝大海，春暖花开

把这两个文本简单地做一下对比。它们同样呈现出温暖明亮的感觉，同样出现了意义丰富的"幸福"一词，同样是走向天堂的告别。海子诗中的"幸福"自然有更多他当下的含义，"从明天起做一个幸福的人"是一种放下和抛开，是一种复归于朴素的愿望，是一种与世无争的生活憧憬。"愿你在尘世获得幸福"就指向了另一层面，那是他不愿意分享的俗世价值观中的幸福，那包括灿烂前程、有情人终成眷属等美好愿望，抑或是海子渐去渐远的希望。诗作到达这里，诀别的意义已经非常明确。"我只愿"的选择，已与这些幸福毫无关系，幸福已在天堂。因此，这些明亮是海子对这个世界充满绝望之后发出了海市蜃楼一般的空想，隐含着遥不可及的幸福奢望。"从明天起"，这就是永远不在当下的假想。这一切似乎都与《卖火柴的小女孩》有惊人的相似。最大不同是海子"我只愿"都是他刻意的选择，而小女孩的"请把我带走吧"是她不能主宰的梦境，甚至在她还没完全来得及理解幸福的时候就去向了天堂。因此，海子的《面朝大海，春暖花开》中的鲜花是开放在坟墓上的刺眼的美。川端康成《临终的眼》引用芥川龙之介的一段话这么说："也许你会笑我，既然我这么热爱自然和生活的美为何还要自杀。似乎是自相矛盾的。但是，这些所谓的美是我临终的眼里映像出来的。"这不是浪漫绚烂的夕阳，而是血红异色的残阳。《卖火柴的小女孩》则不同，那是全身心主动朝向温暖花开的天堂。总体上，这两个文本所指向的希望还是貌合神离的。

第三个文本是金子美玲的《向着明亮那方》。这是一首同样以儿童视角呈现的类似童话般的童谣，从主旨上来说，这是三个文本中最切近的一个。

　　　　向着明亮那方
　　　　向着明亮那方。
　　　　哪怕一片叶子
　　　　也要向着日光洒下的方向。
　　　　灌木丛中的小草啊。

　　　　向着明亮那方
　　　　向着明亮那方。
　　　　哪怕烧焦了翅膀
　　　　也要飞向灯火闪烁的方向。
　　　　夜里的飞虫啊。

　　　　向着明亮那方
　　　　向着明亮那方。

哪怕只是分寸的宽敞
也要向着阳光照射的方向。
住在都会的孩子啊。

近年来，金子美玲的作品开始在大陆小学教育界流行。金子美玲的诗呈现出的美好和她的命运同样形成了强烈的反差。很难相信，如此艰难苦命的一个女子笔下竟是这般的清澈纯真。这首诗是其流传最广的一首。诗并不关注结果，而是关注了勇气。"向着明亮那方"有一种奋不顾身的姿态，毫不起眼的"灌木丛中的小草""暗夜里的飞虫""都会里的孩子"都是这样被压迫生存自由空间到极致的三个意象。这三次"向着明亮那方"就好比小女孩的四个愿望一般，小女孩也是向着明亮那方去向了天堂。她们之间有一种神似之处，也许是女子的柔弱辉映的希望更动人的缘故。课堂上，学生可通过此诗来对比阅读"飞向那没有寒冷，没有饥饿也没有痛苦的地方去了"，眼前仿佛一道光亮之门打开，祖母就仿佛圣母一般慈爱明亮。"哪怕只是分寸的宽敞"更仿佛是逆境中的劝慰，读此小诗，远胜过课堂中廉价的同情。

大处来看，这种类型的艺术作品竟是一个庞大的精神创作主流。逆境中的灵感迸发，并将那种不屈服、不妥协、不媚俗的灵魂张扬起来，凡·高的《向日葵》、贝多芬的《命运》之类的伟大之处也便在于此。由此来看，这则童话的指向和人类普遍存在的一种高贵的信念可以对接，因此，有了丰富的解读的可能，倍加动人。

小而化之，实际上，世界儿童文学作品中，收入小学课文的最经典的三部名作作品同样有着非常高的比较价值。它们之间不但是写作手法殊途同归，而且在关注贫穷孩子命运的悲悯之心上也有着普遍的观照。

《卖火柴的小女孩》（丹麦　安徒生）：
"她想给自己暖和一下……"人们说。谁也不知道她曾经看到过多么美丽的东西，她曾经多么幸福，跟着她奶奶一起走向新年的幸福中去。
《凡卡》（俄国　契诃夫）：

过了一个钟头，他怀着甜蜜的希望睡熟了。他在梦里看见一铺暖炕，炕上坐着他的爷爷，耷拉着两条腿，正在念他的信……泥鳅在炕边走来走去，摇着尾巴……

《小音乐家扬科》（波兰　显克微支）：

扬科躺在长凳上。屋子前边有一棵樱桃树，燕子正在树上唱歌。姑娘们从地里回来，一路唱着："啊，在碧绿的草地上………"从小溪那边传来笛子的声音。扬科听村子里的演奏，这是最后一次了。树皮做的小提琴还躺在他的身边。小音乐家扬科睁着眼睛，眼珠已经不再动了。白桦树哗哗地响，在扬科的头上不住地号叫。

它们在不同国度，它们面向着不同背景的贫穷，但是，它们都指向了孩子成长中的精神元素：凡卡渴望的仅仅是和爷爷在一起而已，这和小女孩渴望和奶奶在一起的生活是一致的，扬科渴望的小提琴只是一个愿望的符号罢了。凡卡最后是被伙计捉弄死的，扬科是被管家打死的，他们与卖火柴的小女孩一样，有着毫无希望的童年，而造成这样的童年的都是人情冷暖，甚至往往就是穷人间的相互捉弄。三位作家都将美好的一面留给了三个苦命的孩子，做个梦也好吧！临死前再听首歌也好吧！总不能真的就这样眼睁睁地看着命运将他们拖入无尽的黑暗吧！这是文学的仁慈和期盼。这三个结尾比对的意义是将个体的悲剧延伸到群体，将看似无关联的国度延伸到人类社会，以孩子稚嫩的愿望沉重地向成人的世界发出了控诉。

关于"幸福"，安徒生曾经这样说："使得人们幸福的并不是艺术家不朽的名声，并不是王冠的光辉；幸福存在于人们对清贫的满足，存在于爱人和被人爱之中。"这虽然是小女孩遥不可及的梦想，但多少也是对人们的规劝。天堂不远，有梦、有爱的人最幸福。

安徒生晚年有一篇最长的童话叫《幸运的贝儿》。童话的主人公贝儿一生追求至美的艺术境界，当他成功的时刻，当观众们向他欢呼的时刻，当他心爱的女孩将花束向他抛来的时刻，"……他心里的一根动脉管爆裂了。像闪电一般，他在这里的日子结束了——在人间的欢乐中，在完成了他对人间的任务以后，没有丝毫痛苦地结束了。他比成千上万的人都要幸福！"这也是安徒生自己一生的追求。在完成了对世界最美的赞颂，选择写一辈子童话的安徒生静寂地在农村一个朋友家里离开，甚至没有一朵鲜花。但是丹麦记住了他，在蔚蓝的海岸线上，他的美人鱼永远静穆地坐在海平面上。几年前，我去世博园丹麦馆看到了这一尊从遥远的欧洲送达的礼物，她静静地低垂着身姿，守着自己的鱼身，一百多年过去了，她似乎总在替安徒生所有童话中的主人公提醒善变的人们：童话或现实，何处是天堂？

努力追求有价值的课堂，也应该延续这样的追问。

天堂里有一把小提琴

——关于显克微支《小音乐家扬科》

命运注定人间没有属于扬科的小提琴。作为短工的孩子，他的出生和死亡都彰显了生命的渺小和悲哀，即便他完全可以成为人世的音乐精灵。

和其他编译选入小学教材中的西方经典课文一样，《小音乐家扬科》的悲剧命运被长期蒙蔽。当初，类似这样主旨的课文有很多，《卖火柴的小女孩》《小珊迪》《凡卡》等，甚至连《丑小鸭》都一起被戴上阶级压迫的帽子接受历史的批斗。我们的教参里是这样写《小音乐家扬科》的主旨的：

1. 了解在剥削制度下穷人孩子的悲惨命运，体会当时波兰社会的黑暗。

2. 引导学生通过感受小扬科的悲惨遭遇，认识人剥削人的社会摧残人才的罪恶，从而体会到自己童年的幸福。

3. 使学生了解在资本主义社会，穷人家的孩子即使有才能，也不可能摆脱悲惨的命运。从而激发学生对资本主义制度的憎恨，对劳动人民的同情。

4. 感受小扬科的悲惨遭遇，认识在资本主义社会，人性完全被人抹杀，人的权利根本得不到保障。

句句关联社会制度。因此在"剥削制度""资本主义社会""人压迫人"等这样一些关键词的笼罩下，这篇文章所蕴含的深刻内涵并没有被完全揭示出来。固然，扬科的悲剧有一定的社会因素，但是制度建立的根本是基于人性上的互相倾轧。语文课不是培养学生对政治的解读，而是朝向更为开阔的以人心灵、艺术为敞开的解读，下面让我们来逐一分析。

这个孩子的身世，文章只用了一小句便做了交代："扬科的母亲是个短工，过了今天，不知道明天会在哪里，好像寄居在人家屋檐下的燕子。"显然，出生于贫寒之家的扬科和他的母亲一样，"寄居"成了他们和这个社会其他人之间的唯一关系。也就是对大家来说，他们似乎是多余的。"过了今天不知道明天会在哪里"也就意味着这对母子没有亲朋，也没有固定的邻里，对于人这样的群体动物来说，没有了固定的群体，也就是孑然一身，漂泊无依，生与死，并没有谁会真正放在眼里。

扬科的悲剧不在这里，而在于他从一出生即几乎和高贵的音乐绝缘。但音乐之神偏偏又选择了他，让这个又黑又瘦也不讨人喜欢的小男孩选择了一种近乎宗教信仰般的狂热来展现他的天赋。文章淋漓地书写了他对各种音乐的爱，比如自然界的声音：

"扬科很爱音乐，无论走到哪里，他总能听到乐声。"这显然是对这位无家可归的自然之子的一种眷顾。对他来说，寂静的世界是不存在的。在大部分人都蒙蔽了对自然的倾听习惯而选择乐器之后，扬科却极其敏锐地捕捉着一切声响。他的痴迷程度已经到了无法自拔的地步。"他到树林里去采野果，回家来篮子常常是空的，一个野果也没采到。"

和大部分把音乐作为伴奏的人们相比，扬科把音乐当成主角，而其他却成了伴奏。他对音乐的专注已经到了忘我的地步，在有音乐的世界里，他根本无法做其他事情。对扬科来说，没有音乐的世界是不存在的。因此，也就意味着扬科没法专注工作。"监工解下腰带，狠狠地打了他一顿，要他永远记着。"但是，对于什么都不懂却唯独懂音乐的扬科来说，他又怎么能够控制得住自己的灵魂呢？

扬科的悲剧还不仅如此。倘若只是自然界的声响，取之不尽，无论怎样最多就是遭遇鞭打而已。小提琴却成了扬科的梦魇。扬科被音乐蛊惑出现了幻觉："扬科觉得旅店里的每一根柱子都在颤动，都在歌唱，都在演奏。"即使只是旅店的平凡娱乐，他都当成是莫大的享受，因此他不甘心永远做听众，他需要演奏，需要用自己的手来演奏出这些天籁！"扬科用树皮和马鬃，自己做了一把小提琴，但是怎么拉，也不像旅店里的小提琴那样好听。它声音小，太小，就像蚊子哼哼似的。可是扬科还一天到晚拉着。"这个8岁的孩子为自己的愿望确实付出了太多心酸，但这一切没人知道，他并不知道命运正在一步步推他进危险的深渊。我们来看书上这一段极为细致的描绘：

> 他躲在草堆后面，眼巴巴地透过开着的门，望着挂在墙上的小提琴。他望了很久很久，他怕，他不敢动，但是有一股无法抗拒的力量在推着他往前走，推着他那柔弱的、瘦小的身子悄悄地向门口移动。
>
> 扬科已经进了食具间。他每走一步都非常小心，但是恐惧越来越紧地抓住了他。在草堆后面，他像在自己的家里一样自在，可是在这儿，他觉得自己好像是闯进了笼子的小动物。夜静得可怕，月光偏偏照在扬科身上。扬科跪在小提琴前面，抬起头，望着心爱的小提琴。

这两段是书中最浓墨重彩的一部分，几乎把扬科的每一个动作细致摹画。从听自然声到做小提琴再到摸小提琴，这股无法抗拒的力量就是对音乐无上的信仰。是什么让扬科"跪下"？是上帝？也许祈祷的时候扬科跪下过。因此，扬科几乎错觉地认为那一缕月光所照着的神圣的小提琴就是他崇拜的圣物。即使恐惧强烈地吞噬着他，也无法阻止他对小提琴一步步如魔咒般地靠近。这段场景感极强的细节描绘已把扬科对音乐的爱推向顶点，同时也把作者作为杰出文学家的语言特质展露了出来，有一种紧紧抓住读者心的节奏感此起彼伏。

爱音乐，在以往的解读中都是没有异议的，因为这和文本的主旨归因不相违背。现在的问题是，扬科究竟死在谁的手里？显然，最表面的是死于更夫的毒打。"更夫点了点头，夹起扬科，像夹一只小猫似的，把他带到一个小木棚里。"这就是扬科命运最好的概括，瘦弱而无力反抗的扬科在大人眼里本身就是一只流浪的小猫。当然，还有管家的命令，虽显得轻描淡写，但也确实是对这样一个没人在乎的孩子的漠视："打他一顿算了！"中国有个词叫作草菅人命。若是送到官府，真当小偷关进监狱，对扬科来说反倒是幸事。问题就在于这无所谓的打一顿，轻重缓急都显得已经不重要了。扬科像只流浪猫一样，瘦小可怜、无依无求地在一群大人的冷漠中死去。如果再往前追述，还有仆人的打。书上依然采用侧面描写："有人划了根火柴，蜡烛亮了。后来听到骂声，鞭打声，小孩的哭声，吵嚷声，狗叫声。烛光在窗户里闪动，院子里闹哄哄的。"这段潜台词意味深长，对于一个孩子，其实谁又不知道他究竟是来干什么的呢？但是，那个夜晚，在如此嘈杂的院落中，是怎样的一种生命的渺茫？跑来当成隆重的大事的大人们面无表情，他们的嘈杂是白天被压迫的骚动。波兰是一个音乐国度。管家、仆人、更夫、姑娘们、旅店里的人们……这群人同样也是爱音乐的人。"地主的仆人有一把小提琴，他常常在黄昏的时候拉。""村上的更夫常常看见扬科悄悄地躲在乡村旅店的墙角下静听。""旅店里有人在跳舞，有时候传出脚踏地板的声音，有时候传出少女歌唱的声音。""姑娘们从地里回来，一路唱着：啊，在碧绿的草地上……"无疑，他们对扬科的喜爱音乐并不感到奇怪，他们就是扬科生活的村落圈子，他们根本上也都是社会底层的穷人。"大伙儿管他叫小音乐家扬科。"也正是他们喊扬科为小音乐家。而课文根本就没有提到一个富人，连地主都没提一次。归因到此，我们就不难发现：小音乐家扬科正是死在一群同样爱音乐的穷人手中！

　　这就是生命的悲凉。我们都不愿意承认的一点恰恰是如此。为什么穷人之间没有一点同情心？进一步找寻原因，也许我们确实可以追溯到制度，当一群人遭遇更高层的人群压迫时，他们必然要找寻一个出口来宣泄内心的不满。这群人处在社会底层，他们之中仍然有着不同的阶层。当他们有了足以凌驾之上的对象的时候，他们忽然膨胀的怒气就会瞬间爆发。扬科就是底层中如尘埃的一个，这是其一。其二，天才往往在人群中被淹没。淹没天才的不是人群不能辨认英才，恰恰是清楚地知道天才的存在和他们与天才之间相形见绌。他们明明知道扬科就是长大后的肖邦，却根本没有人在乎他是否有这个长大的必要。人内心深处有一种暗流涌动的嫉妒感是我们不得不承认的：损人不利己，见不得别人好，这是人类很常见的阴暗心态。因此，扬科即便没有值得让别人嫉妒的东西，但是，他洋溢着的一种对音乐的痴迷和憧憬，大人们常常可以看到。扬科的悲哀也在于此。类似的悲剧在许多天才身上有过惊人的再现，莫扎特即死于同僚的迫害和嫉妒。嫉妒杀人，最懂得莫扎特的无疑是他们，他们清楚地从莫扎特的身上照见了自身的卑微，即便他们的穿着光鲜亮丽。

扬科最终死于音乐，这是他的宿命。我们甚至完全可以这样想：若没有音乐，又拿什么来救赎扬科的悲伤？他是死于他强烈的愿望！还有其他比这更好的选择吗？扬科在触摸小提琴前似乎已经有一种心理预兆："要是能有一把小提琴，扬科真愿意用自己的一切去交换。"他有什么呢？除了微弱得让人瞧到尘土里去的生命，一无所有。他的预感不幸应验。但他真的痛苦吗？对一个极度痴迷音乐的孩子来说，生命垂危的那一刻，他问母亲的最后一个问题就是："天堂里真的有一把小提琴吗？"他依然在不断向往音乐。显克微支用音乐来救赎这个孩子，他死于人群的冷漠，但新生于对音乐的热爱。这种爱，超越痛苦，让他远离这个并没有人当他是人的社会。"扬科躺在长凳上。屋子前边有一棵樱桃树，燕子正在树上唱歌。姑娘们从地里回来，一路唱着：'啊，在碧绿的草地上……'从小溪那边传来笛子的声音。扬科听村子里的演奏，这是最后一次了。"很多人说这段话只是一个反衬，用美好的生活来反衬扬科的可怜。事实上，这更是现实的一种。扬科的死和外面的生活毫无关系，他彻头彻尾就只是寄居的燕子，飞往哪里跌落消逝，都和人们无关。这个村子，多一个扬科、少一个扬科都毫无关系，也没有人悲伤。同时，扬科死在音乐声中，也是对他最后的慰藉。或许只是他的幻觉，或许是陪他最后一程，总之，爱音乐的扬科肉身充满伤痕，但他的精神从未悲伤过。上帝给了他另一个归宿，对大部分穷人来说，除了祈祷之外，又能逃脱什么呢？卖火柴的小女孩在那一刻的光明和灿烂中离开了人世。与其承受现实的冰冷，不如活在自己的天堂中。

文章不着一字正面的毒打，有的都是音乐的渲染，音符在鞭子声中跳跃、抗争、飞升。

上帝早早地接走了扬科，同时，给了这个孩子一个美丽的谎言：天堂里有一把小提琴。

很多杨科的死是全人类的悲剧，和波兰无关，和你，和我有关。

每一个家都是一座圆明园

——关于《圆明园的毁灭》

圆明园的毁灭是一个象征。一把大火，古老中国结束了虚构的巍峨，几千年文明结束了帝王的图谱，一个康乾盛世的宏大泡影幻灭，古典园林的膜拜偶像轰然倒塌。

但不知为何，人们始终沉溺于圆明园情结。

2006年9月，横店影视集团宣布斥资200亿重建圆明园。消息令国人沸腾，很多人匍匐的膜拜一下子复苏。重建的提出者徐文荣说，按照他的设想，重建工程总占地面积347公顷，将按照146年前被英法联军烧毁的圆明园的实景1：1恢复。2015年5月10日，斥300亿巨资，按1：1比例复建圆明园95％建筑群的"圆明新园"在浙江横店正式开园。这一重建行为引发北京圆明园管理机构的抗议。北京圆明园方面的话称，"圆明园的建设和开发应该由官方机构来计划，任何复制都应达到一定标准"。

2009年10月，佳士得宣布，将拍卖圆明园鼠首和兔首铜像。消息传出后，引发中国民众热议，近百人组成律师团追索。2月24日，法国法院批准拍卖。2月26日，中国商人蔡铭超拍得铜像，但因"爱国"不付款。

这两个事件因为牵涉到了圆明园而引发关注。且先不论是与非，我们看看，五年级的这篇经典教材究竟要传递什么？

一、对权力的膜拜即是对暴力的膜拜

> 圆明园的毁灭是祖国文化史上不可估量的损失，也是世界文化史上不可估量的损失！

圆明园代表了谁？文章开头第一句便以"不可估量"的语气下了两个定论，同时，将其上升到世界文化史的高度，其口气之大，令人费解。文化不等同于文物，也不等于能工巧匠的器物营构，而是历代流转的社会道德和人文价值融合而成的共同意识，它或以物的方式存在，但更主要是一种约定俗成的信念。圆明园的存在是中国帝王穷尽财富、遍刮民脂的极端体现，这个历时150余年的皇家园林，恰是帝国晚景的符咒。尤其是"乾隆皇帝在位60年，对圆明园岁岁营构，日日修华，浚水移石，费银千万"，"道光朝时，国事日衰，财力不足，仍不放弃圆明三园的改建和装饰"。这样一个昔日帝王的"败家子"工程怎么就成了民族的象征，以致毁灭后成了民族的耻辱？作为一个普通的中国公民，我丝毫感觉不到圆明园跟中国文化的具体源流传承究竟有什么重大利害关系。

教材中常充斥着形而上的廉价赞美，对封建权力的膜拜在中国民众中根深蒂固，渗透到每一个中国人的意识骨髓，却很难察觉。对于历史上劳民伤财的"圆明园"之类的宏大建筑，在历代留下的诗文中很少见直接的歌功颂德，而在现代教材中竟成了教育中华子民的荣耀。而本该真正代表国家尊严的制度和律法却在教材中消失殆尽。事实上，没有契约律治传统的中国社会，才是值得深切悲哀的。看教材这一段文字竭尽铺排之能事：

> 圆明园中，有金碧辉煌的殿堂，也有玲珑剔透的亭台楼阁；有象征着热闹街市的"买卖街"，也有象征着田园风光的山乡村野。园中许多景物都是仿照各地名胜建造的，如，海宁安澜园，苏州的狮子林，杭州西湖的平湖秋月、雷峰夕照；还有很多景物是根据古代诗人的诗情画意建造的，如蓬莱瑶台，武陵春色。园中不仅有民族建筑，还有

西洋景观。漫步园内，有如漫游在天南海北，饱览着中外风景名胜；流连其间，仿佛置身在幻想的境界里。

按说写作者无缘亲身经历，但可以看出，这是专门用来编著教材之用的夸夸其谈。这段要求学生背诵牢记的段落，将中国人的世界观淋漓呈现。园林艺术是微缩景观，在方寸之内试图呈现大千世界，并在格局中满足于狭小的空间想象，是中国士大夫在宅内"指点江山"的完美人生构筑。彼时，当中国上下正在大肆造园的相近一两百年前，哥伦布发现了新大陆，哥白尼提出了日心说，麦哲伦发现了好望角，伽利略正用自制的望远镜观察天体。当西方正用眼睛不断扩大征服视野的时候，我们正在将世界缩小到家门前。这就是文化的差异。这种差异必然呈现在每一个国家公民身上，并决定一个国家的前途。英法联军对于这种荒诞的精致表现出来的极大破坏欲，实质上是两种不同文明的征服与被征服。因此，过度美化对圆明园的臆想，是值得警惕的。

我们不妨以某著名特级教师的课堂教学实录为样本，从中或许能看到一个独立意识的执教者，在课堂上随意地解读，将引导学生走入怎样的荒诞。

……

师：你看你读就读这么长时间，这才是二十景，真要让你去游览的话，咱哪儿也不去，就游览这四十景，你打算住多少天？你打算游多少天？

生1：打算住上四十天，每天游一个景！

师：不想回来了！

生2：我打算住四个月，平均每三天去一个地方。

生3：我打算永远不回来了。

全班哄堂大笑。

师：那也得"耳听为虚，眼见为实"呀！这样吧，反正这景我们一个个也看不完，那我们去三处行不行？

生齐说：行！

师：准备出发！准备了啊！老师一一播放图片。

师：选择一处，谈谈感受！

生1：那个蓬莱瑶台很好的，好像住在天上，好像是神仙。

师笑着说：看给你美的呀！

生2：我这是在哪呀？

师：你在什么地方有这样的感慨？

生2：就是在那个平湖秋月。

师：为什么会有这样的感慨？

生2：因为我觉得这个亭台，还有那个湖，还有那些灯，觉得就是美死了！

师：美死了，不用他的"美"，你再换一个字或一个词。

生2：（想了一下）还是美。

师：我给你建议一下，加个"妙"，连起来！

生2：美妙！

师：可以不？

生2：可以！

师：所以你才说："我这是在哪呀？"

生3：我觉得"平湖秋月"很好！在那个楼阁里面，赏月，吃上什么东西，真好。

师：说个词，你就被——

生3：被陶醉了。

师：还有吗？别的呢？都可以聊一聊。谁没有发过言？

生4：我觉得雷峰夕照有一些美，因为背景有一点夕阳，我站在楼顶的话，就可以看到。

师：楼顶、峰顶、雷峰塔顶。

生4：如果我在峰顶的话，就可以看见远处的夕阳，所以觉得这个"雷峰夕照"很美。

师：你在塔上看，你在塔下又看，这傍晚的云霞和这雷峰塔整体感觉那真是——

生4接：舒服！

师：你是舒服，哈哈！我可能和你感觉不一样。不过，每个人的感受不一样，我尊重大家，总之，一句话，这里的景色，那个同学说"美"，咱再换，说吧！

生1：美不胜收。

师：可以。还想说什么？

生2：看得让我目不暇接。

师：目不暇接，这需要再斟酌。这是把你激动地不知道说什么好了。

生3：妙。

师：哟！你看他，人家说一个"美"，他就说一个"妙"。用一个字，再换一个字。"美""妙"！

生4：棒。

师：棒！还有一个字，唉，这个同学说出来了，什么？一起说！

生齐答：奇！

师：哎呀呀，同学们哪！怎一个"美"，怎一个"妙"，怎一个"奇"字了得呀！难怪呀，课文里这样赞叹！读！（出示）

生齐读：圆明园是园林艺术的瑰宝、建筑艺术的精华。

……

这位老师步步为营，在语言的圈套之内，借用学生的想象，引出了"美、妙、奇"。他很有可能忘记的是，昔日，平民百姓是无论如何也走不进这座皇家园林的。固然可以引导孩子一步步地天马行空，走进园林，但是我们看到，学生的优哉游哉，慢慢地将自己当成了圆明园的主人，最后甚至打算住在里面，永不回来，那就只有做一个皇帝了。课堂的谎言就是这样在戏谑中建构的，孩子潜意识中，不经意间将自己置换成了一个拥有无上荣耀的权力者。而这份权力欲望还在不断歇斯底里地膨胀，让学生假想自己站在圆明园中，讲述所看到的奢华情境，试图让其将美景望眼欲穿，其用意无非是"穷尽其美，再将美打碎"的课堂结构。学生顺着老师的引导，幻想着里面的景致，以极其贫乏的字眼辅以不着边际的语气词推波助澜，将这种虚构的景象大加赞叹。不幸的是，这样的课堂环节竟成了很多一线老师学习的榜样，于是，在大多数语文课堂上，一个很有表现欲的老师只要一讲到圆明园，必然会帮助学生进行"权利意淫"。注意，即使是想象，这也是根本不可能成立的虚构想象，圆明园不是神话。这种建立在完全虚构之上的课堂将形成学生的一种集体无意识，并久而久之养成习惯性的文字崇拜。教师常不由自主地扮演一个"传道者"的角色，以为教材的意图需要我们去弘扬，因此，学生在课堂上自主发现的能力完全消失，甚至连质疑的权利一并消失。看似娓娓道来，实则充斥着引诱，教师以符合圆明园形象的虚假壮丽姿态，以词语的堆砌征服学生，令人发怵。

我们来看这堂课最后一个自然段的教学实录：

> 1860年10月6日，英法联军侵入北京，闯进圆明园。他们把园内凡是能拿走的东西，统统掠走；拿不动的，就用大车或牲口搬运；实在运不走的，就任意破坏、毁掉。为了销毁罪证，10月18日和19日，三千多名侵略军奉命在园内放火，大火连烧三天，烟云笼罩了整个北京城。我国这一园林艺术的瑰宝、建筑艺术的精华，就这样被化成了一片灰烬。

这篇课文的结构是一种简单的欲抑先扬格局，前面几节以夸张的笔墨渲染圆明园的华丽，最后一节讲述英法联军破坏。执教者基本上贯彻作者用意，课堂也呈现了这样的板块布局，让我们继续来看，前面这个片段的"扬"将以怎样的"抑"来展现。

> ……
> 师：刚才我听同学们说，他们把凡是能拿走的东西——
> 生：统统掠走。
> 师：真会用词，说的是统统掠走，那是怎么掠走，你能举个例子，或者用个比方，用自己的理解，说说怎么是"统统掠走"？
> 生：我认为"统统掠走"就是把能掠走的就像抢的一样全部拿走。
> 师：抢走，一点也——
> 生1：就是一点也不留下。

生2：全部夺走，一点都不留。

师：全部夺走。

生：只要是手拿得动的就要拿走。

师：拿得动的——

生：拿得动的就要拿走。

师：拿不动的——

生：叫牲口来搬运。

师：用大车也得——

生：运走。

师：用一个成语——

生：片甲不留。

师：啊呀，就像同学们说的，你还想说——

生：我还想说他们是将所有能拿走的东西全部掠走。

师：你真会用词。"夺""抢""掠"，所有说的这些就叫作"统统"——

生：拿走。

师：你们刚才还说，拿不动的就任意破坏——

生：毁掉。

师：注意，任意破坏、毁掉是怎么破坏、毁掉？任意破坏毁掉，你能举个例子吗？用事实、打比方都可以。

生：用脚踢，还有用棍子去打。

师：踢、打，还有吗？

生：如果是那些名画的话，也可以撕掉。

师：撕！

生：我觉得那些英法联军自己心里想的就是，我得不到的，别人也甭想得到，然后就任意摧毁。

师：毁！

生：就是用榔头捶。

师：捶！啊哟，捶的是那么一个，什么，可能就是精致的——

生：青铜。

师：青铜器呀，一下子——

生：陶瓷。

师：对，陶瓷，就会给他捶烂了。

生：拿不掉的就用斧子砍。

师：啊哟，砍！

生：用砖头砸。

师：砸！

生：把那东西摔地上，然后用脚踩。

师：踩！

生：用大火烧。

……

　　这个环节令人胆战心惊，可以想象其浓艳的舞台效果，只需看文字就宛在眼前，不忍卒听。这位教师试图以移位的方式让学生详细阐述其"烧杀抢掠"的细节，并无所不用其极。教师大量采用诱"生"深入的方式，自己说一半，学生负责填空教师预设的词。而从教学内容角度看，这是典型的"以暴力教育暴力"。学生竟然在老师的引导下还原了英法联军的暴力，畅快淋漓地扮演了一回强盗。这种经常发生在电视和网络中的"暴力还原"，以勾起读者的解构欲望的模拟犯罪，竟然被嫁接到了课堂！事实上，当学生以英法联军的身份讲述"统统"破坏的情境，已经构成了另一种课堂上的不道德，制造了课堂上的"临时暴力"。这并非言过其实，而恰恰是很多老师日常课堂教学中惯常使用的"情境"一种。

　　大家经常看到报纸杂志头条的血腥还原，那些精心制作的模拟凶杀现场的图景虽然是为了将犯罪过程阐释得更清楚，但是，也不断地培养了一批批读者的"嗜血"阅读期待，不暴力，无快感。正在我写这篇文稿的同时，我又看到了"2011年5月8日，位于长沙的中南大学宿舍楼，一男子持刀杀害该校外国语学院大二女生后自杀。女生被割喉当场死亡，男子被送往医院抢救"，这条头条新闻。毫无例外的，各大网站均配以血腥的女生死亡照片，血流成河。我们的媒体抱着一种怎样的心态试图还原真实？是为了取悦读者，还是读者已经习惯不断地被场景引导？当下的电影和电视普遍将这种暴力努力还原，以制造更多的视觉期待。《唐山大地震》这部电影就是以还原"大地震"场景为卖点的，越破坏，越悲催；《水浒传》最大的篇幅就是梁山好汉的报仇杀人，越野蛮，越醋畅。这已经是变态的媒体窥视欲。有这么一个笑话：布什和鲍威尔出席记者招待会。记者问："总统先生，有什么大事要宣布吗？"布什说："我们准备枪杀四千万伊拉克人和一个修自行车的。"记者好奇地追问："为什么枪杀一个修自行车的？"布什对鲍威尔说："你看，我早就说过人们不会关心那四千万的伊拉克人。"这个笑话的深刻性在于，人们潜意识中暴露了对畸形暴力的迷醉和关注。我们常常看到满大街围着一群人，对着一摊鲜血，兴奋地谈论着刚才发生的一起车祸的细节，而对于当事人的生死并不关心。我们盯着网络点击着鼠标，关注着利比亚的空袭，平民伤亡多少有时并不是焦点，军事学家热衷于探讨的是法国又出动了哪几架高科技的战斗机，并详细分析其参数。

这种对于暴力的转移性描述如果没有道德自律的话，会间接地转换成对暴力的迷恋。公开课的形式和效能与电视媒体接近，这样的语文课堂究竟是为了引导学生挖掘心中的原始暴力欲望还是要阻止这种欲望，我们早已经分不清。但可以肯定的一点是，老师是无意识地将这种群体心理移植过来的。这种无意识说到底是一种群体文化的潜意识，是一个不自省的民族普遍存在的积弱。法国著名社会学家皮埃尔·布迪厄早已经对公众媒体的视觉轰炸提出警告。

对权力的崇拜本质上就是对暴力的崇拜。现今，文化官员或者文物专家等对于圆明园的复原情结，既是对过去大中国产生的大假想，试图从中寻找一个凭借物，又是对于权力所能达到的一种病态的景致，抱以无限的依恋。前文所述的拍卖闹剧，只不过是将废墟进行升华，烙印上"圆明园"，立即触动了很多人爱国的神经。我们来看看这些专家是怎么说的吧：

> 圆明园被帝国主义破坏了。我们要把它修复起来，而且恢复得要比过去更好，更符合人民的利益。
>   ——许德珩

> 圆明园集我国古代建筑和园林艺术之大成，是我国古代建筑和园林艺术发展的高峰，也是我国古代建筑和园林艺术的光辉总结。圆明园遗址的保护、整修，再创辉煌，不仅对于弘扬民族文化，振奋民族

精神，增强民族的凝聚力具有重要意义，而且必将成为中华民族伟大复兴的象征。

——王道成

必须尽快修复圆明园。只有修复才能保护，只有修复才能利用，只有修复才能更加充分地发挥它的爱国主义教育功能。

——魏开肇

专家和学者究竟是站在谁的立场说这些话的呢？我作为一个普通人民的权利是不是又一次"被代表"了呢？圆明园的修复怎么就符合我的利益了呢？这个故纸堆中的传说和我的爱国情怀有什么相关呢？不得而知。我想，哪一天真恢复之后，我最相关的利益就是在被组织去进行爱国主义教育的时候买的昂贵门票。最令人担忧的是王道成先生说的，对这个三百多年前康乾时代的皇家园林的恢复，除了恢复某些人的帝王情结，达成某些人的私欲之外，和"弘扬民族文化，振奋民族精神，增强民族的凝聚力"究竟有什么相关，并以此成为"伟大民族复兴"的象征？这令我这个人民教师深感困惑。毕竟，在我的语文书里，即使有这篇课文，我想也不至于将圆明园提升到"国家教育战略"的高度。一个民族的复兴应该寄托在民主与法制的保障，寄托在每一个公民权益的保障，而不是寄托在一个已死去一百多年的建筑物上。以200亿的代价树立牌坊，全民娱乐，这或许才是某些人奴役教育的目的吧，这个民族的深重悲哀，莫不如此。所以，会有这样的教材，会有这样的课堂，会有这样的主流价值横行，或也是在满足这些专家的帝国还魂吧？

二、对民权的漠视即是对人权的漠视

现在，让我们来看看什么才是真正要告诉孩子的真相。暂且不论这些帝王当初建园的是非，这是历史学家的事情。我们不妨根据教材和正在发生的事件，讨论一下，什么才是我们应该"重建"的价值。

圆明园文物的流逝固然是中华民族的一段耻辱记忆，但是，对于我们这个多灾多难的民族来说，论灾难，论耻辱，有点良知的都知道，这不算很重要。这三百年间，我们的耻辱还少吗？且不论清末的殖民历史，不论抗日战争，不论南京大屠杀，这些都是早已过去的大事件，那么现在呢？

今日中国虽然不会再有雨果笔下的两个洋强盗公然抢劫，但是不是抢劫就没有了呢？

……

2009 年 11 月，成都市金牛区城管执法局对一处"违章建筑"进行强拆，唐福珍为了抗拒暴力拆迁保护自家三层楼房，在楼顶天台自焚。

2009 年 11 月，上海市闵行区户主潘蓉，不肯在明显低于市场价的拆迁协议上签字，结果遭区政府强拆。女户主称政府侵权，官员称其"脑子别住了"。面对多人的强拆队，女户主用燃烧瓶抵抗暴力拆迁。抵抗了几小时后，房屋最终被推平。

2010 年 4 月，邢台市桥西区政府对张家营村 9 户村民房屋进行拆除。在拆除过程中，其中一户与拆迁方发生冲突，拆迁户胡西凤为阻止拆迁当场喝下农药，拆迁方在继续拆迁过程中，又与胡西凤的女儿孟建芬、妹妹胡巧凤发生冲突，导致孟建芬被铲车当场轧死、胡巧凤轧成重伤。

2010 年 9 月，江西省抚州市宜黄县凤冈镇发生一起因拆迁引发的自焚事件。主管城建的副县长、房管局长、公安、拆迁办、城管队，将近有 100 多人来到钟家强拆。在破门而入、商谈无望的情况下，叶家三人点燃汽油，烧成重伤，叶忠诚死亡。

2010 年 10 月，广西北海白虎头村，数以百计的武警、公安等人员将七十多户村民封锁起来，准备强拆，村民准备汽油弹自卫。最后，村委会主任许坤被逮捕。

2010 年 10 月，太原市晋源区的古寨村村民武文元和孟福贵在家中遭到拆迁公司组织的社会人员暴力殴打。武文元受伤住院，孟福贵被殴致死。

……

这些一度成为社会公众事件或正在进行着的拆迁命案，是否让你想到了 1860 年的那两个无所不用其极的强盗？不用我交代具体过程中的细节，如果让那位老师上课引导孩子联想的话，学生会以怎样的想象来勾画强拆者的形象？

对于每一个普通的公民来说，自己家的房屋才真正代表了自己的利益。当自己家的房屋都没有能力去保护的时候，我们的百姓只剩下孱弱之躯。这些家庭的孩子，当他们读到《圆明园的毁灭》的时候，在那熊熊燃烧的烈火中，是否会想到自己的家园？对于他们，我们的老师该怎么"弘扬民族文化，振奋民族精神，增强民族凝聚力"？

这些悲剧的背后是那部很多人欢呼的《物权法》，从无法可依到有法不依，这才是我们的这个人治民族真正的伤痛。当我们的政府一面说着调控房价，一面控制着土地，当我们的政府一面通过房地产想方设法增加 GDP，一面正加紧置换老百姓手中的房屋和土地的时候，这样的悲剧仍然会上演。那么，即使再造一百个圆明园，对普通的公民来说又有什么意义？

教育如果仅为了铭记，而无法面对现实，这就是假的教育。

我们是否可以让学生用自己的眼睛发现真相？

再上这一课，我会将《圆明园的毁灭》和这些拆迁悲剧放在一起，让学生静静阅读，然后自己去选择：家和圆明园，谁才是不可估量的？

每一个家都是一座圆明园。

世间再无西门豹

——关于《西门豹》

小时候学《西门豹》，老师说得最多的是西门豹破除迷信的唯物主义思想。其实，关于唯物主义，若干年以后我也没弄明白。但作为好不容易从历史故事中挖出来的典型，《西门豹》一直存在于小学教材中，是经典的老课文之一，而且，人物形象经过几代人的解读，早已经脸谱化了。

但我对老课文向来抱着很多的疑心。《西门豹》基本上保留了《史记·滑稽列传》原文的风貌。改编之后，更是将笔墨都集中在对话上：西门豹到了邺地的三问，老大爷的三答，西门豹惩治巫婆官绅的三请，都呈现了比较高超的语言艺术，三言两语，把西门豹这个有勇有谋的人物刻画得入木三分。

当我有意识地深入了解西门豹时，发现西门豹并不仅仅是司马迁要说的那个。我甚至认为，西门豹是两千年来，中国官场少有的地方官，不仅政绩卓著、刚直不阿、清正廉洁、幽默大胆，更主要的是他对上对下都洞若神明。这是一个非凡的人物。我们不妨先离开课文，来看关于西门豹的一些史实钩沉。

《战国策·魏一·西门豹为邺令》中记载：

> 西门豹为邺令，而辞乎魏文侯。文侯曰："子往矣，必就子之功而成子之名。"西门豹曰："敢问就功成名，亦有术乎？"文侯曰："有之。夫乡邑老者而先受坐之，士子入而问其贤良之士而师事之，求其好掩

人之美而扬人之丑者，而参验之。夫物多相类而非也，幽莠之幼也似禾，黧牛之黄也似虎，白骨疑象，武夫类玉，此皆似之而非者也。"

　　非凡的历史人物总有他成长的非凡时代。战国时代的魏国是个强盛的诸侯国，所统辖的国土大约就是战国时农业最发达的中州大部分，尤其是魏文侯和魏武侯更是政绩卓著。西门豹所处的时代正是魏文侯的时代。司马迁认为魏斯是个"好学"的君主，经常向孔子的弟子子夏以及再传弟子田子方、段干木等请教，又任用法家的李悝为相，以"食有劳而禄有功，使有能而赏必行，罚必当"为原则实行变法。魏国经过变法国势强盛，先后以乐羊为将败中山国，以吴起为将攻取秦国西河五城。以西门豹为邺令，以北门可为酸枣令，以翟璜为上卿，改革政治，兴修水利，成为战国初期的强国。我们看到这些闪耀在中国历史长河中的著名人物，都在魏斯手下。魏国强盛的关键在于采用了李悝的法家治国，制度先行，奖惩分明。这是西门豹治邺的政治基础。

　　上文中这段文字是魏斯启用西门豹时说的话，我们看到了一个极为有管理思想的魏文王。这也是西门豹敢于在地方大刀阔斧改革的根源所在。西门豹是个急性子，这一点在《论衡·遣告》中已经活灵活现地写道："西门豹急，佩韦以自宽；董安于缓，带弦以自促。二贤知佩带变己之物，而以攻身之短。"他故意将裤腰带放松就是提醒自己凡事慢慢来。如此看来，推辞不受显然是故意为之，这是为自己放手去干留条话路，如果真出了问题，那也是你非要叫我干的。问主子有什么管理办法，也是刻意谦虚，他很清楚，在一个脑子清醒的文候面前保持谦卑是关键。魏文王的管理有着鲜明的辩证法：礼贤，但要人监督，世间大多是似是而非的假象，要透过现象看本质。此时，我们只看到一个低调的西门豹，看不到西门豹有多少非凡的才能。但是，一上任，他就在邺地成功地烧了三把火：破除地方官绅势力，兴修水利，唤醒民智。在我看来，西门豹治邺最伟大之处在最后一点上。而这点，在文中并没有明说，因此，历代都将西门豹处理河伯娶亲这件事归结到破除迷信、消除地方势力上。那么，西门豹对中国老百姓的民性有多少了解呢？

　　《史记·卷一百二十六·滑稽列传第六十六》中记载：

西门豹即发民凿十二渠，引河水灌民田，田皆溉。当其时，民治渠少烦苦，不欲也。豹曰："民可以乐成，不可与虑始。今父老子弟虽患苦我，然百岁后期令父老子孙思我言。"至今皆得水利，民人以给足富。十二渠经绝驰道，到汉之立，而长吏以为十二渠桥绝驰道，相比近，不可。欲合渠水，且至驰道合三渠为一桥。邺民人父老不肯听长吏，以为西门君所为也，贤君之法式不可更也。长吏终听置之。故西门豹为邺令，名闻天下，泽流后世，无绝已时，几可谓非贤大夫哉！

通过这段文字，我们非常惊讶地看到西门豹对百姓人心的洞察。这和以往儒家所提倡的百姓为父母之类的观点完全不同。这是在典籍中很少能看到的惊人判断：百姓只能共享福，不能同患难。西门豹似乎早就认识到他的改革之难，不在于杀几个贪官上，而在于改变老百姓的信仰：真正的好日子要靠自己的手去创造。在他们无法看见自己命运的时候，百姓能做的就是信奉神祇，于是就有了河伯娶亲看似荒唐，却始终在民间生生不息的现象。从西门豹的这个判断中，我们反观课文，不妨提出几个问题：1. 老百姓究竟信不信河伯娶亲？西门豹看到的事实是，他们深信不疑。关于这一点，我们的孩子说了他们的判断：有钱人可以不信，没钱人只能相信；不信的人能逃得掉，逃不掉的就相信这是命；即使再穷，当自己的女儿被投入河中而不逃走，那肯定是真的相信的。孩子们认为，这归根结底和穷有关系。这是很了不起的归因。中国的百姓是穷怕了，穷则愚昧。当他们觉得自己根本无法寻找出路的时候，也会选择逆来顺受，并且安慰自己这是河伯的旨意。关于此，课文在改编的时候删去一个很重要的细节："长老、吏傍观者皆惊恐。""邺吏民大惊恐，从是以后，不敢复言为河伯娶妇。"当西门豹接二连三地将巫婆和她的弟子投入漳河后，不但那些官吏长老开始惊恐，就连旁边的百姓也感觉害怕。我问孩子们，这不是他们应该感到大快人心，应该鼓掌欢庆的好事吗？为什么他们也会惊恐呢？孩子们说："老百姓被西门豹这样的果断举动吓坏了，觉得西门豹是一个酷吏；老百姓害怕河伯发怒之后，真的会带来发大水的灾难。"他们害怕西门豹的法家凌厉风格给自己招致灾难。2. 西门豹为什么不在衙门里审理巫婆和官绅？

毫无疑问，最简单的回答是将计就计，顺水推舟，以其人之道还治其人之身，杀人封喉，令官绅等无话可说。最主要的原因，是令民众觉醒。让两三千民众亲眼看到他们所信仰的神，不过只是河里扑腾几下的狗。除了这，我们的孩子说出了很多精彩的话语："西门豹在衙门里处理巫婆他们，老百姓并没有看到，会误会西门豹错杀无辜，或者滥杀无辜；西门豹能杀一个巫婆，还会有第二个、第三个巫婆出现；西门豹要摧毁他们的信仰，建立一个新的信念。"这些见解，已经远超越我的预料。由此可见，西门豹这一得人心的做法，深深根植于人性的深处。

一个地方官，他若只是看到了民心的悲哀之处，这无助于他治理一方。可贵的是，他看到了百年之后的福祉，这让他坚定不移地奉行自己的水利兴农政策。西门豹知道老百姓看不到这么远，他也知道自己能够做的不只是让老百姓感觉到他在为民请命，而是实实在在做一些看得见的事情。西门豹当然知道，自己并不可靠，百姓的嘴也不可靠，但是，制度是可靠的，引水干渠是可靠的。修民心之前，要修无法依个人之力转移的硬货。因此，即使百姓怨声载道，他也不会退让。果敢有为，这是巨大的为官勇气。果然，不到百年，老百姓就感觉到了当初大兴水利的好处，于是，他们开始了另一种执着：当听说有新上任的官要把水渠合二为一时，坚决反对，理由是：贤明的好官定下的规矩不可能随便乱改。于是，他们在心中又建立起来另一种信仰。这也是西门豹最早就想得到的民心吧。制度之上的信仰，比较安全。他希望百姓的信仰应该建立在事实的基础上，那么有一天即使自己不再任职，也可以泽被后世。中国人常期待出现民君、青天，制度之弱和人性之恶，让百姓始终活在等待中。没有制度，没有青天，权利一旦不受控，人天生的恶就会膨胀，民君只不过是保障自己利益不受损的基础上遗落下来的一丁点的民主，仍然是寡人。西门豹的了不起便在于此。他为了这一丁点的福祉，周旋于百姓和文侯之间。

西门豹的为官之道若只是教化民众，仍不能彰显他的智慧。历史上，耿直的官员不少，替百姓造福的也不少，但落得好下场的不多。西门豹似乎早就参悟了这点，即使他是魏文侯亲自派遣的地方官，是魏国的大将，但贤明之人历来遭嫉，但他是有准备的。因此，我们看看他和魏斯的较量，会觉得更有意思。

《韩非子·外储说左下》记载：

> 西门豹为邺令，清克洁悫，秋毫之端，无私利也，而甚简左右，左右因相与比周而恶之。居期年，上计，君收其玺。豹自请曰："臣昔者不知所以治邺，今臣得矣。愿请玺以治邺，不当，请伏斧锧之罪。"文侯不忍而复与之，豹因重敛百姓，急事左右，期年，上计。文侯迎而拜之。豹对曰："往年臣为君治邺，而君夺臣玺；今臣为左右治邺，而君拜臣，臣不治矣。"遂纳玺而去。文侯不受，曰："寡人曩不知子，今知矣，愿子勉为寡人治之。"遂不受。

魏斯再英明，但君王素来疑心重，权力越大，越随心所欲，就越担惊受怕。以他自己的逻辑就是，再贤明的人也需要听那些"扬人之丑者"的小报告。这回完全用到西门豹身上了。西门豹当初谦恭地询问君主的管理逻辑，早就套出了魏斯的思路，所以，有备而来。和大多数忠臣清官不同，他采用了一种不可思议的做法博取魏斯的重新信任。这一年，他搜刮民脂民膏、奉承左右，结果，魏斯龙颜大悦。却没想到，西门豹用了整整一年来反间算计上次的夺印之辱。你让我拍马屁、说好话、欺压百姓，这谁不会？我做给你看，你还龙颜大悦。由此可见，西门豹对魏斯了如指掌：魏斯既不会因为自己的腐败实验恼火，更不会因为欺君之罪问斩，并且魏斯还是随时能良心发现的，当然更重要的是，他需要西门豹死心塌地继续干下去。人才得以保留，不被放逐，大多是君王还需要你，他根子里并不喜欢你的耿直，但知道你能做实事。一国之君都知道谄媚之人做不了什么事情，但就是喜欢，历史上仅剩的几个还算是明君的，旁边总是保留一两个贪官，便是如此，因为每个君王都需要一些私人化的满足，而这是西门豹等不可能做得到的，他们浑身是刺，比较适合到地方任职，能干事。彼时的儒学大概没有像后世那样流布深远，但人心这东西，千古使然。崇尚法家的魏国，专制的事实并没有改变，不过是没有儒家治国那股子酸腐气，还算来得直接。我们看到这故事在同样是法家人物韩非子的著作中保留，最后的结局是魏文侯舔着脸道歉，让西门豹继续治邺。在韩非子的眼中，应该不是对魏文侯抱着明君幻想，而是西门豹做到了让魏文侯不得不服而不可杀。可见，西门豹的心理学造诣是极深刻的。换句话说，他为了换取自己为民造福的更长远时间，不惜以牺牲自己仕途为赌，如此的凛然与幽默，千古少见。上有君主要应付，下有黎民要教化，为清官之难，可见一斑。

两边平衡之后，西门豹在邺地已经扎根，树立了极高的威望。但打天下易，治天下难。西门豹广为流传的都是漳河治理的故事，拆穿河伯娶亲的闹剧、发动民众兴修水利则说明他是一等一的水文专家。那么，邺地日常的管理呢？我们来看下一则记载。

《淮南子·人间训》记载：

> 西门豹治邺，廪无积粟，府无储钱，库无甲兵，官无计会，人数言其过于文侯。文侯身行其县，果若人言。文侯曰："翟璜任子治邺，而大乱。子能道则可，不能，将加诛于子！"西门豹曰："臣闻王主富民，霸主富武，亡国富库。今王欲为霸王者也，臣故稽积于民。君以为不然，臣请升城鼓之，甲兵粟米，可立具也。"于是乃升城而鼓之。一鼓，民被甲括矢，操兵弩而出；再鼓，负辇粟而至。文侯曰："罢之。"西门豹曰："与民约信，非一日之积也。一举而欺之，后不可复用也。燕常侵魏入城，臣请北击之，以复侵地。"遂举兵击燕，复地而后反。

我认为，这一则记录充分展现了西门豹的雄才大略。相比较前面的英雄行为，这里展现了西门豹卓越的管理智慧，放在今天，这仍然是极为罕见的。"廪无积粟，府无储钱，库无甲兵，官无计会"，这在战国时期，简直不可想象。这算是提前进入大同世界。封建王朝常以国库充盈、兵强马壮作为国家强盛的标志，而在邺地，居然什么都没有。魏文侯是到了那边实地考察才发现这个事实。由此可见，战国时，对地方官员的管理是极为放权的，除了行政归属，其他人财物一概不管，至少不用交太多税。这也是周朝之后，战国七雄混战的原因。王朝的概念直到秦一统之后才显现，显然，嬴政看到了没有人财物行政区划、文字文化等统一管理，最后肯定会出现诸侯自治。至少，西门豹治下的邺已经成了一个小小的共产主义世界。魏文侯很生气，要以此治西门豹的罪。他要西门豹解释清楚，这种"四无"管理的依据是什么。西门豹说了一段中国两千多年专制王朝至今仍没有实现的政治理想："王主富民，霸主富武，亡国富库。"现在看来，这常识更像讽刺，也和当时的政治格格不入。一个国进民退、国富民弱的朝代，怎么能算是个强国呢？西门豹告诉魏文侯：一个透支民众财富而短时间暴富的国家有多么可怕。中国百姓始终抱着被凌辱被剥夺之后不切实际的幻想，这是忘记了王朝嗜血的本质：王朝不过是少数权利既得者的外显，对专政的国家有所期待就等于妄想当初咬断你一条腿的猛兽良心发现：它用舌头抚慰你，其实那只是继续把你养肥了改天慢慢吃而已。同样的，一个国富民退的王朝"富武"的结果只能是对内不对外，养着一个臃肿庞大的机构就是为了镇压、维稳、治安。为什么会这样？因为这个机构只会为权力者负责，而不会为民服务。为民服务违反了其独裁的逻辑。这个武库，只可能在权力集团利益受到严重威胁的时候才会做出垂死反抗，一般情况下，表示"严重抗议"就可以了。所以，只要内外的力量没有威胁到魏文侯本身的地位，他是不可能随便动武的。但是，战国是一个弱肉强食的时代，你想安居乐业，边上的诸侯始终虎视眈眈，忧患意识迫使当时的诸侯做出一些对民间的让步，这也就有了西门豹这样的封疆大吏得以存在的可能。百姓会怎样？百姓会为一个始终压制着他们、管控着他们，并且始终在搜刮着他们的王朝卖命吗？不会。西门豹深知，只有你去爱百姓，你把所得的利益都分给百姓，必要的时候，他们自然会为国请命，因为这个国家让他获得了幸福和尊严。如此，人人皆是国家的守卫者。既然百姓都愿意自觉捍卫邺地，你还需要军队干什么呢？接下来，西门豹证明了这一点。烽火一起，百姓拿着刀剑、背着粮食蜂拥而至。魏文侯看到了，觉得演习很精彩，就相信了，说行了，让百姓们回去吧。但这时，西门豹不肯了。不久前周幽王点烽火台的亡国故事还在耳畔，我们怎么能失信于民呢？那就必须真的打一次，哪怕只是为了建立百姓的信念。于是，西门豹带着邺地的百姓攻打燕国，取得了胜利。

我不知道《淮南子》记载的这一则故事是演义还是史实，一群百姓要战胜军队，这背后自然还有更多的故事。以西门豹的风格来看，日常的操练是不可避免的，他不是文官，没有傻到用理想主义治邺，以为没有物质基础的信念是万圣无敌的。王安石这样评价西门豹："尚刑""利民"。我以为是非常中肯的。这就是说，西门豹的治邺智慧，制度是保障，富民是前提。随时都能将百姓拉出去打仗，日常的赏罚之道，可见一斑。西门豹的治邺方略是完全可以用来治国的。是不是西门豹的观点在当时是空谷足音？并不是，启蒙读物《大学》就说："财聚则民散，财散则民聚。"其实都告诉我们，一个只想着聚财的国家是没有好下场的。虽然学界对《大学》一书的成书时间至今仍有争议，但我认为，以《大学》秉承的观点来看，去除掉朱熹的篡改，它的成书时间应该就在西门豹所处的战国。大一统之后的秦不可能写出这样伟大的著作，儒家道统在《大学》中并不强化，也因此，《大学》成为儒学经典中难得的讲常识的著作，或者说它是孔孟之道的最早雏形。后世的儒家思想被上层建筑行政化，使得西门豹这样的非凡人物和他的观点一起成了传说。

有一点挺有意思的，不同的史书书写了不同的西门豹。《史记》善于记载西门豹最家喻户晓的故事，《论衡》讲西门豹的为人之道，《韩非子》阐述西门豹的为臣之道，《淮南子》写到了真正的为官之道。为什么西门豹会进入这些史家不同的视角？因为这样清醒的官太罕见了。

一统天下儒家庙，世间再无西门豹。

生命，在秋天定格为永恒

——关于《秋天的怀念》

课已到尾声，场内很静。

钢琴还在声声敲拨着心弦，屏幕上，深秋的落叶慢慢飘落。台上，孩子们默默地抽噎，站立着不忍离去；台下，七百多名老师也在静静地抹眼泪。在这个秋天，我们进行着一场盛大的怀念，用我们的感动，用我们的生命，用我们的泪水，暂时停下忙碌的人生脚步，暂时忘却听课的细枝末节，一起回过头，发现一双熟悉而疲惫的眼睛始终注视着我们渐行渐远的身影，那个人，就是我们的母亲。

是的，就是那一刻，当这个群体回忆凝聚成一股强大的力量的时候，这堂课呈现出一种前所未有的崇高的光辉，照亮了台上和台下的孩子们。

这是 2005 年的一个深秋，西湖边橙红菊黄，秋水微澜。

当满文军的《懂你》开始打动每一个人的时候，我确信这世上有种感情是不会改变的；当彭丽媛的《白发亲娘》把一个孤独的守望者诉说得催人泪下的时候，我深信那种目光会穿越古今；当阎维文的《母亲》把生活中常被人忽略的细节深情赞颂的时候，我坚信这种爱亘古常青……不必再列举什么了，关于母亲，我们实在太熟悉，熟悉得容易经常忽略，但稍一提起，就沉重满怀。

当初，选择"母爱"作为主题，其实是经过了很长时间考虑的。我有一个备课习惯，当一个新题材在脑海中翻腾的时候，总是要用一段时间慢慢地磨去一时的冲动，然后让它静静地沉淀。我想我是出于一种愿望，虔诚地触摸母亲这个伟大的主题的。但让这一个愿望在课堂内得以呈现，前后至少整整经过了一年的时间。关于母亲的文章汗牛充栋，前前后后，不知有多少名家歌颂过自己的挚爱。但是，再次读到史铁生的《秋天的怀念》，我不禁怦然心动。文章不长，但凄婉动人，字里行间洋溢着生命的光辉。这不是我众里寻她千百度的文章吗？作为人教版的经典课文，又有那么多名家执教，必然有它的理由。但这堂课的整个备课过程是从未有过的心理疲惫。好几天，我都不能写下详细的文案，但心里确是一次次地体验着深沉博大的爱的暖流，一遍一遍读着这篇短小的文章，时空一直在恍惚间跳跃穿梭。很多个晚上，小提琴声中，我时常呆呆地坐到深夜，回忆着母亲从小到大陪我走过的一个个场景，也一次次遥想着轮椅上的史铁生。窗外，夜空暮蓝，星子闪烁。生命不断来去，母爱永恒灿烂。这些夜晚，我常被自己的念想感动，直到一种从未有过的人生的超然和温暖开始慢慢弥漫心头。这个文本，便开始超越它自己。

那时，我的妻子已怀胎九月。之后的几天，就像等待分娩的即将做母亲的妻子一样，我等待着一次情感的喷涌释放。

叔同实验小学新校舍落成庆典的前两天，我在医院里。对于我们来说，一个重要的时刻即将来临——我们期待了9个多月的孩子即将诞生。那段时间的我，除了挂念妻子和孩子，心里还挂念着那堂课。这堂课对于我来说也恰似新生儿一般，我等待着一个生命的奇迹。妻子明白我的心情，反正决定剖腹产，怕生孩子影响我休息，就决意让我先上好课，回来迎接孩子出生。我满心歉疚，为了上课，竟然要改变剖腹日期，但一想这样我更可以全身心投入课堂，又能亲自迎接我的孩子，我也便答应了。只有两天的时间，便要在落成庆典上展示这堂课，许多嘉宾都会亲临，这对于即将诞生的叔同实验小学来说，无疑将载入史册。显然，我不可能对此无动于衷。于是晚上，我安心地靠在医院的椅子上反复琢磨，那时候，这堂课就似乎一个强大的磁场占据了我大半的脑海，挥之不去。但我们的孩子却似乎故意生父亲的气一样，开始躁动不安。于是，就在我上课前一天，他违约了，他毫无顾忌地来到这世界，响亮清脆。那个晚上对于我来说，自然是无法入眠的。他对这个新世界显然有点不大适应，哭哭闹闹表示抗议；浑身插满点滴的妻子苍白无力；我在病房里走动着，忙碌着，痛并快乐着……我满怀喜悦又满心担忧：明天这课还怎么上？凌晨三点多，窗外开始下着淅淅沥沥的小雨，天气骤凉。母子俩终于度过了人生中最痛楚的时刻，都疲惫而安然地入睡了。我独自一人，裹着床单坐在椅子上，打开笔记本默默地写着教案，神思清明，毫无倦意。孩子时而发出点动静提示我他的存在。那是一个极为奇妙的夜晚，我心中充满神圣的感觉。今天，我目睹了一个新生命诞生的经过，我的妻子，在经历一场"劫难"后也成了母亲。孩子，难道你也来替母爱做一个最生动的注脚吗？

"各位老师，在钱老师上课之前，我首先要说明一下，就在昨天晚上，他一夜没睡，成了一个父亲。"台下掌声笑声一片。王永初校长的这个声明在某种程度上减轻了我的负担。对于当时的我来说，课堂的生成或多或少将受到影响，有什么"错乱"那也是大家可以谅解的。我对于这个时刻充满了期盼和惶恐，我期盼是因为近一年的思索终于要有个答案，惶恐是对自己能否思路清晰地和学生进行到底充满怀疑。

"我昨晚上一夜没睡，心里挂着三头，妻子、孩子还有你们。如果你们今天打算为我庆祝一下的话，我决定上课时决不睡着。"学生"轰"的一声，气氛开始活跃起来，虽然是第一次来到崭新的报告厅，但是对话轻松自如得使我喜出望外。5分钟之后，我悬着的心放下了，我预感这堂课将很顺畅。之后的40分钟，我的世界里就只有《秋天的怀念》了。这堂课除了记住几个大致流程外，我放弃了曾经上课的所有有备无患的方法。但那堂课却出奇地流畅，学生的解读也远超出了我的想象，课毕，全场的人淌着眼泪，更多的人呆呆地坐着，他们都像被什么定住了一样，悄然无声。之后，校长告诉我他擦了三次眼镜。

"你知道你老公在上什么内容吗？关于母亲的！天啊，这简直是天意啊！"台下我妻子的一位同学得知了消息，马上发短消息给她。妻子后来告诉我的时候，已是下午。我一上完课就直奔医院。

"我同学还说你的课上得她大为感动。"妻子微笑着用微弱的声音告诉我，她也很欣慰。电话接踵而来，这节课产生了意想不到的反响。校长后来告诉我，全国小学语文协会副会长吴立岗教授对这堂课给予了高度评价。其时，我抱着儿子看着窗外的风景。秋日午后的阳光一扫昨晚的荫翳，温暖地射进窗子来照在他稚嫩的脸上。他安然地睡着。孩子，这个新世界很美，你看到了吗？

"你会发现，一切都会很美好的。"我小学时的语文班主任陶老师还没听完课就在台下给我发来短消息，我后来查看的时候，课堂正进行到 30 分钟左右，那时的我还在和学生一起温暖地幻想着这个秋天的美丽。

这堂课伴随着两个新生命的诞生，那一天，成了我平凡生命中的一个小小的传奇。

于是，秋天之后，等待着我的是第二年的春天，嘉兴市小学界的教学盛会——第七届"南湖之春"如约拉开帷幕。

并没有任何预兆表明这样的机遇会垂青于我。我们经过了漫长的角逐和紧张的比赛，终于尘埃落定。我清楚地明白"南湖之春"这个平台对于我的语文人生意味着什么。我的师父王爱民老师权衡之后，还是选择了《秋天的怀念》，因为他第一次听完这堂课之后的第二天便回老家看望母亲。他深知这种情感的力量，也执意要在"南湖之春"的平台上再次证明它。在几次打磨修改之后，调整了原先的"习作赏析课"方案，将其调整成了以细节为经脉贯穿课堂的"文学赏析课"。时间也由原先的 1 个小时调整成 50 分钟。经此之后，这堂课产生了质的飞升，从原来的粗粝奔放转向精致细腻。

也许是巧合，也可能是天意。阴差阳错，这堂课由于王自文记忆的小小偏差，换到了最后一天的下午，最后半天是一节课加专家报告。轮到那会儿，便意味着这堂课已经没有现场切磋的可能。从第一天开始熟悉班级到最后一天，陪我一起完整地参加整个"南湖之春"活动的是平湖的小语团队。我也听完了所有的展示课，各有千秋，光彩照人。轮到我时，已接近尾声。

但是，我相信，就是这个尾声让现场的所有人都屏息静听，完成了心灵上一次伟大的洗礼。学生喷涌而出的情感，若决堤的江河汹涌澎湃，似涓涓细流沁人心肺。这大起大落的人生至情，牵扯着孩子们的心，让他们浮躁淡漠的幼稚心田烙上了朵朵菊花。课前，他们欢声笑语；课毕，他们情动于衷。孩子们站在台上面向着老师，忘记了课堂的时间与空间。那一刻，我又想起了那许多的夜晚，我静坐着细数时光。他们一定也都感觉到了那直叩内心深处的旋律，母爱，再一次证明了她的伟大，恰若一个共同的密码，在一个共振的磁场内，我们破译着共有的感动。那天临结束时，我说了一句话，是告诉在场的老师们的：工作再忙，别忘了家里的亲娘。在我的世界里，课早已不是课，它是一个可以多点对话的超时空场。这个场一旦构建起来，可以超越课本身，就如史铁生的《秋天的怀念》在大家的解读中早已超越了文本。

特级教师童承基上台讲座时，擦了擦眼泪，双手紧紧地摁住我的手，用力地握了两下。他说，他听过很多特级教师上的这一课，唯独这一次，留下了那么多的泪水。

"南湖之春"之后，很多老师见面就说起当时的情景，全场怀念，历历在目。而那个情景，在那年的秋天，西博会"中国杭州名师名校长论坛"上再一次呈现。在全场的特级教师、省名师课堂中，唯独这一堂课让全场久久不散。资深特级教师杨明明老师在课堂未完成最后的结束语时，禁不住来到学生中间和学生对话，这次突如其来的对话，让在座的每一个孩子回忆起了生活中的点点滴滴，让他们记起自己与母亲之间发生过的事情，想起了母亲对自己所做的种种和对母亲漠视的歉疚，在那一瞬间懂得了什么是爱与理解。特级教师王莺老师说："这堂课让学生们在巨大的冲突中，重构情感的体验，慢慢地学会自己和自己对话，慢慢感悟生命的意义。"语文教育家张化万老师说："这是生命的课堂，一个生命在唤醒另一个生命，一个灵魂在唤醒另一个灵魂……"

那时，我又跟在座的老师们说起这堂课诞生时的情景，仿若昨天一样如在眼前。我宁愿相信爱的永恒，我用生命演绎了这堂课，使得它伴随着我一起从平湖到南湖再到西湖。一路走来，我始终心怀感恩。我感谢生命的精彩和绚烂，就若那个让我深深怀念的秋天一样，磨砺中前进，燃烧着重生。

史铁生说："宇宙以其不息的欲望将一个歌舞炼为永恒。有着怎样一个人间的姓名，大可忽略不计。"我想，大概是爱吧！生命，舍此无他。

语文，亦如是。

自律律人，自觉觉他

——关于《钓鱼的启示》和《中彩那天》

　　近期，行业道德堕落的新闻层出不穷。其中，尤以食品安全的新闻触动中国民众的神经。"瘦肉精""地沟油""毒奶粉""色馒头"等各种问题食品，在不断挑战社会的良知。和其他伪劣产品相比，食品安全关系着每一个人的生命安全，可以称之为社会安全底线。我们有各种法律、法规，也并不缺乏相关监督机构，为什么仍然会不断出现类似事件？是什么导致我们国家的各行各业都充斥着伪劣产品？在这些触目惊心的新闻中，常常听到一个词：行业自律。公民所呼唤的，不仅是政府部门强有力执法，更是各个企业遵守规则的自律意识。

　　比之于通常我们所看到的带有强制性的他律来说，自律偏重自我约束、自我规范、自我改善，使自己的言行既能符合法律、法规，又朝向人性向善的道德尺规。诱惑无所不在，自律等于是向人性固有的欲望抗争。在一个强调服从的教育主流中，无论从规则意识的角度，还是从人格养成的角度，这类"自律"的主题课文在我国小学语文教材中是极其罕见的。

———

　　人教版小学语文五年级有一篇课文《钓鱼的启示》，作者是美国著名建筑师詹姆斯·勒菲斯特。文章讲述了童年的某个夜晚，詹姆斯跟父亲去钓鱼，钓到了一条10公斤重的大鲈鱼，但此时离允许捕捞鲈鱼的时间还有两小时。在没有人看见的情况下，父亲坚持让詹姆斯放掉那条鱼。这一次经历，对詹姆斯的一生产生重大的影响。

啊，好大的鱼！我还从来没有见过这么大的鲈鱼。我和父亲得意地欣赏着这条漂亮的大鲈鱼，看着鱼鳃在银色的月光下轻轻翕动着。

父亲划着了一根火柴，看了看手表，这时是晚上 10 点，距离开放捕捞鲈鱼的时间还有两个小时。父亲盯着鲈鱼看了好一会儿，然后把目光转向了我："孩子，你得把它放回湖里去。"

"爸爸！为什么？"我急切地问道。

"你还会钓到别的鱼的。"父亲平静地说。

"可是不会钓到这么大的鱼了。"我大声争辩着，哭出了声。

我抬头看了一下四周，到处都是静悄悄的，皎洁的月光下看不见其他人和船的影子。我再次把乞求的目光投向了父亲。

表面上是儿子想要那条鱼，实际上，真正的矛盾和抉择在于父亲。父亲面对的境况是：

其一，"从来没有见过这么大的鲈鱼"，对于等待了几个小时的钓鱼爱好者来说，这是强烈的诱惑。我们看到，"我和父亲得意地欣赏着这条漂亮的大鲈鱼"，父亲暂时也忘记了他们原来是来捕"翻车鱼"的。

其二，"到处都是静悄悄的，皎洁的月光下看不见其他人和船的影子"，11 岁的儿子发现了这一点，父亲当然早就心知肚明。但是，即使儿子知道这是一条只能在两个小时以后才能捕获的鱼，如果父亲保持沉默，对儿子来说，同样不构成偷窃。没人看见，这是最大的隐蔽，他们完全可以潇洒地带走那条鱼，并将此当成一个默契的小秘密。可贵的是，父亲是在四下无人的情况下做出决定。这个禁渔规则便是他心中的尺规了。我们可以看成这是对社会规则的遵循，对儿子的垂范，更或甚者，这仅仅是他对自然法则的敬重。人性的挣扎在文本中一闪而过："父亲盯着鲈鱼看了好一会儿"，这好一会儿，泄露了一个人面对这一诱惑的艰难选择，显然这是他在反复思量。而当他一旦做出决定，便不可动摇地执行。父亲的自律，由此显得格外珍贵。

二

无独有偶，人教版四年级还有一篇《中彩那天》，讲述一位拮据的父亲去买彩票，邻居让他代买一张，结果邻居的彩票中了大奖。一番艰难的抉择之后，父亲将车交给了邻居。父亲面临的道德难题在文本中有细致入微的刻画：

> 母亲让我仔细辨别两张彩票有什么不同。我看了又看，终于看到中彩的那张右上角有铅笔写的淡淡的 K 字。母亲告诉我："K 字代表库伯，你父亲的同事。"原来，父亲买彩票时，帮库伯先生捎了一张，并做了记号。过后，俩人都把这件事忘了。可以看出，那 K 字用橡皮擦过，留有淡淡的痕迹。"可是，库伯是有钱人，我们家穷呀！"我激动地说。话音刚落，我听到父亲进门的脚步声，接着听到他在拨电话号码，是打给库伯的。

和《钓鱼的启示》相比，似乎放弃一辆汽车比放弃一条鱼确实更为艰难。鱼不过是一种精神上的趣味，而汽车则是实实在在的物质奖赏，尤其对一个拮据的家庭来说，这是巨大的诱惑。这位父亲在自我抉择时，也有着更为激烈的自我斗争。"那 K 字用橡皮擦过，留有淡淡的痕迹。"说明父亲确实想过占为己有，事实上，领奖人也是父亲。"俩人都把这件事忘了"更加说明这几乎算不上是什么规则，也没有任何义务需要遵守。但父亲完全出于一种道德自律而做出了难能可贵的选择，对他来说，保持自身道德的完整比给家庭添置一辆汽车更重要。在这之前，"他神情严肃，看不出中奖带给他的喜悦"，之后，"父亲显得特别高兴，给我们讲了许多有趣的故事"。战胜自我，给了父亲极大的成就。

这两个文本既相似又有不同，其最大的差异还不在于诱惑的大小，而是自律指向的不同。前者是一种既定的社会规则，是公开的，后者则是自定的做人原则，是隐秘的。如果说，遵守既定规则更显得理所当然的话，自我制定的准则，其决定权完全在于自己，其实更显得弥足珍贵。但是，不论是鲈鱼还是彩票，都代表了生活中的诱惑。这两个文本，或许会让我

131

们产生一些错觉：自律，似乎是一个人的道德高标，不是一般人能做到的。事实上，正好相反，正因为自律是针对我们习惯性的"贪小"心理来说的，这些编入教材的令我们敬佩的行为，其实不过只是遵照规则完成而已。因为我们是拿"约定俗成"作为行事做人原则的，所以，这两件事情才显得难得。这样看来，社会中被固定下来的群体心理，才是让我们对此肃然起敬的原因。我们在这两位父亲身上照见了自己自律的短板。社会诸多规则，起源便是对于人私自欲望的遏制。一个良性的社会，自律，其实是每一个公民的底线。因此，这两个文本在整个小学语文教材体系中都具有极大的价值。可惜的是，这样的课文实在太少，而习惯于道德说教的老师，不过是将其作为一个普通的道德故事，课堂言说不过是诸如"诚实""守信"的话题，显然，这并不能完全囊括这两个故事的巨大内涵。

扫心地

——关于《天游峰的扫路人》

很多年以前，做国学诵读，才第一次读到《朱子家训》，开篇第一句："黎明即起，洒扫庭除。"当时觉得很有意思，这个家训了得，这哪是扫地，日日做，是功课。扫的是庭院，也是昨日的尘埃，扫的是每日心境的清明。一般家训，都是"圣贤"开头，将扫地当作第一件事，极为少见。但怎么说，只是蒙学家教。

那么，一个老人，扫了一辈子的山，会是怎样？

其一：言外有意，点而不破

正如少年读的武侠小说一样，大师常常出现在云雾缭绕的地方，而且常有一段景致铺排，接着只闻其声，仍未见其人，最后终于出现了，也是褴褛布衣，很不起眼，交手之后，恍然发现是绝世高手。本文的写作顺序也有此抑扬之笔，安排极为精巧。先写自己游山，好不容易爬上天游峰，花点笔墨描绘一番："像一根银丝从空中抛下来""风一吹就能断掉似的"，连续两个极为传神的联想，将静态的石阶化为动态的丝线，看似毫不相似，实际上有着主观感受上的精准。接着无意之中，听见哗哗的扫地声，然后再是出现老人。老人的外貌出现了两次描写，一远一近，第一次是作者无意瞥见，第二次是有意打量。两次的相同点是"瘦"，但"精瘦"和"瘦削"，有形与神的差异。一般说来，山中过客，留意扫路人，无非是擦肩而过之时。促发作者第二次观照，是老人随意说的一句话："不累，不累，我每天早晨扫上山，傍晚扫下山，扫一程，歇一程，再把好山好水看一程。"这是大有玄机的话，作者正是被这句话吸引，重新认识扫路人的。真的不累？作者是个年轻人，刚气喘吁吁地下山，还有意用很多数字来感慨顶天立地的天游峰，如果就以老人的话来看，从早扫到晚也就一个来回，还要"扫一程，歇一程"，身体的累是必然的。那为什么累说不累？这引发了作者的好奇。按老人的话，"每天"就成了习惯，"扫地"从他的工作成了他的功课。但，这是外在的"言"。最主要的是，这言语中"自在悠闲"的"意"，让作者捕捉到了。就像武侠小说中，举手投足，就能感受到大师气定神闲的功力。老人的语言有着鲜明的节奏感，上下两句，一一对应，说出口就像一段歌谣。这就不是一般的谎言能够遮蔽的。老人更没必要对一个游客表现他的"乐观"，这是发自内心的享受，是一种朴素的诗意。老人的第二句话，"悠然"地道出了他"不累"的自我陶醉："喝的是雪花泉的水，吃的是自己种的大米和青菜，呼吸的是清爽的空气，还有花鸟做伴。"这是将天游峰当作自己的家了。那么，每天的扫地就仿佛在扫自己的家门，然后，清清爽爽迎接万千游客。

这样看来，两次外貌和两次对话，是本文的关键。巧妙的是，作者也并没有在言语背后抒发什么感慨，只留读者自己想象。唯一的不足是在结尾处"自信、豁达的笑声"，还是忍不住泄露了心里的评价。但在小学语文教材中，这已经算是很节制了。

其二：隐而不显，述而不作

在作者这样的传统文人眼中，这位老人是一个隐者。不是一般的文人归隐，而是山民安于现状，随遇而安。在文人眼中，这是大俗中有大雅。如果不是作者的问，老人也不说，因此，安逸是自己的，不是昭昭然。

作者和老人相遇时看到这样一些景致"元素"：云雾、茶、竹林、飞鸟、茅屋。显然，很容易勾连到古代的隐诗。"松下问童子，言师采药去。只在此山中，云深不知处。"恰似老人每天在上山、下山，游客来与不来，他都在那里。你今天看到他在山脚下，转眼他又在山上，神仙一般，行踪不定。最自然的联想是陶渊明的《饮酒》："山气日夕佳，飞鸟相与还。此中有真意，欲辨已忘言。"当作者下山时，看到飞鸟扑扑入林，看着天游峰的云霞，仿佛让作者感受到眼前这一位扫路人是真正的隐士，粗布麻衣，青菜大米，日出而作，日落而息。这一路的下山轻松，是老人带给他的刹那豁然开朗。

最简单的劳作，最朴素的生活，往往最能考验意志。扫地，作为劳动的基本方式，算是苦役了。我们完全可以想象，这几十年中，老人必然一开始也是将扫地当作身体的痛苦。就像我们的工作一样，年轻时，几乎都在埋怨当下。总觉得没有找到最合适的生活，久而久之，有些人离开了，一再换工作，有些人，妥协于现状，沦于日复一日的平庸。这种人类普遍存在的苦痛，出现在加缪的《西西弗斯神话》中。

西西弗斯触犯了众神，诸神为了惩罚西西弗斯，便要求他把一块巨石推上山顶。由于那巨石太重了，每每未上山顶就又滚下山去，前功尽弃，于是他就不断重复、永无止境地做这件事——诸神认为再也没有比进行这种无效无望的劳动更为严厉的惩罚了。西西弗斯的生命就在这样一件无效又无望的劳作当中慢慢消耗殆尽。但终于有一天，西西弗斯却在这种绝望的生命过程中发现了新的意义——他看到了巨石在他的推动下散发出一种动感庞然的美妙，他与巨石的较量所碰撞出来的力量，像舞蹈一样优美。他沉醉在这种幸福当中，以至于再也感觉不到苦难了。当巨石不再成为他心中的苦难之时，诸神便不再让巨石从山顶滚落下来。

这则伟大的神话惊人地出现在每个人身上。西西弗斯就是我们每一个人。再也没有比扫地更单调的事情了。而这，恰恰成为修行的舞蹈。所以，古往今来的修行典故，一再地出现"扫地"。若一个人能够安于扫地，并且几年几十年如一日，不问缘故，修行就在这苦役中完成了升华。这在佛教中，是非常重视的修行仪规。《毗奈耶杂事》上记载："世尊在逝多林，见地不净，欲令彼乐福众生，于胜田中植净业故，即自执彗扫林中。时舍利子、大目犍连、大迦叶波、阿难陀等诸大声闻，见是事已，悉皆执彗共扫园林。"释迦牟尼佛就在法堂中告诸弟子说，凡扫地的人有五种功德："一者自心清净，二者令他心清净，三者令诸天欢喜，四者植端正义，五者命终之后当生天上。"释迦直指"扫心"。禅宗六祖的故事更是家喻户晓："身为菩提树，心为明镜台。时时勤拂拭，勿使惹尘埃"，这是身体的扫，眼睛看到的是大地的干净，而不识字的扫地僧慧能却能点破心性："菩提本非树，明镜亦非台。本来无一物，何处惹尘埃。"六祖慧能并不识字，却能在扫地中顿悟当下。他在多年的扫地经历中，慧根早已根植大地，已不在乎身外牵挂。"人人都把心地扫，世上无处不净地。"云门舞集最打动我的舞蹈是《流浪者之歌》，一个僧人重复单一的动作，推出一个惊人的宇宙。

西西弗斯，慧能，林怀民，天游峰的扫路人，都在凡俗的劳绩中悟得"仪式般的庞然之美"，自然流露的便是真性情，而不是假修行。需不需要大书特书？不需要，因为推石头、堆稻谷、扫台阶本身已成了令人敬畏的姿势。你做不到，我做不到，所以，扫干净你我的心尘，才是读懂这些智慧偈语的首要功课，也是我们超越生活苦役的必要修行。

重 构 课 堂

山水觅知音

——《伯牙绝弦》课堂实录

第一部分：山就是山，水就是水

1. 初读正音，校读古文关键词句

师：今天我们学的是一则发生在两千年前春秋时期的故事。

（板书课题，生齐读）

师：这个课题不好念，谁来读读课题？（生读课题）

师：最难读的一个"弦"被你读正确了，了不起，咱们一起学着他读。

（全体学生齐读课题）

师：大家是第一次学古文，对吗？那就自己大声地读一读，看能不能把这样一篇古文读准，读通。

（全体学生自由朗读课文）

伯牙绝弦

伯牙善鼓琴，钟子期善听。伯牙鼓琴，志在高山，钟子期曰："善哉，峨峨兮若泰山！"志在流水，钟子期曰："善哉，洋洋兮若江河！"伯牙所念，钟子期必得之。子期死，伯牙谓世再无知音，乃破琴绝弦，终身不复鼓。

师：第一次读古文的感受怎么样？

生1：我觉得这些词语都是我们不常见的，然后，读起来不是很通顺。

师：特难读。

生2：读起来很不顺口。

师：不顺口，很真实的一个感受。你呢？

生3：我觉得读古文不明白意思，读起来就非常困难。

师：是的，虽然只有五句，但是不好读，也不好懂，那就请大家跟钱老师一起来读读这篇古文，好吗？来，一句一句地跟老师读。注意听停顿的地方。

（师领读课文，生跟读全文，读出停顿，抑扬顿挫，字正腔圆，最后一句停顿较难，复读）

师：大家听得专心，读得认真。自己再来练读练读，把难读的句子多读几遍。

（全体学生再次自由读课文）

师：读得真好，谁能读给大家听？我欣赏自信的同学。你请。

师：让我叹为观止，第一次站起来读一篇古文，竟然读得如此通顺、正确，真了不起。谁也能读给大家听？你请。

（指名另一个男生读。师酌情插话："善哉，洋洋兮若江河！"刚才那个句子谁有不同的读法？请另一个同学校读，然后回到原来的同学请他跟读）

师：真好，一听就懂。尤其是这个"洋洋兮"后面的停顿。这是最难读的地方，你读正确了。

师：不错！头一次读，你看，读正确还不算，已经读出古文的一点味道来了。同学们结合刚才两位同学的朗读，你自己再练读练读，要争取读出古文的节奏感来。

（全体同学再自由读全文）

师：看大家越读越有味道的样子，一定是慢慢地感受到古文的魅力了。那咱们就一起来读。

2. 整体感知，了解文章行文格局

师：几遍读下来，咱们一定都知道，文章主要写了两个人，他们是——

生：伯牙、钟子期。（师板书）

师：读读第一句，你对他们有何了解？

生：伯牙喜欢弹琴，钟子期喜欢听伯牙弹琴。

师：你从哪个字读到喜欢的？

生："善"字。

师：好。你来读读这句。（生读）

师：真好，这个"善"字，仅仅是喜欢吗？

生：我觉得还有"善于"的意思在。

师：善于，擅长对吗？你来读出他们的特点。（生读）

师：我想问问同学们，这个"伯牙善鼓琴"的"鼓"是何意，谁知道吗？

生："鼓"的意思是弹。

伯牙善鼓琴，钟子期善听。

师："弹"的意思，你怎么知道的？

生：嗯。书上写的。

师：有同学在笑，别笑别笑，这说明这位同学细心啊，能借助下面的注释来理解古文，这是学习古文的一个好方法。刚才，我们知道他们两个，一个是擅长鼓琴，一个是?

生：擅长听。

师：对，擅长听琴。咱们一起来读，读出他们两个人擅长的特点。

3. 斟字酌句，咀嚼体会词句意味

师：同学们再读读课文，从课文中哪些句子，你能体会到"伯牙善鼓琴，钟子期善听"?不着急，再读一读，用笔把它画出来。

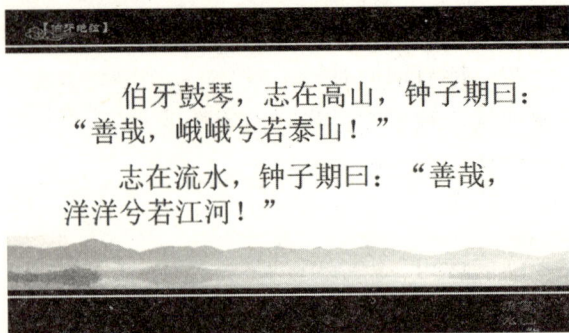

（生读，找有关句子）

师：你画的是哪一句?

生：我画的是："伯牙鼓琴，志在高山，钟子期曰：'善哉，峨峨兮若泰山。'志在流水，钟子期曰：'善哉，洋洋兮若江河!'"

师：我看到很多同学都画的这一句。那么，细细地读读其中的第一句，你从这一句上如何体会到"伯牙善鼓琴，钟子期善听"?

生：我这样体会：那个伯牙他弹琴，钟子期一下子就听出来他弹琴的内容是什么。

师：真好，你已经能用自己的话来说一说它的意思了。谁有补充?

生：说明伯牙他弹琴的技术十分高超，如果他不把自己的全部意念都投入到弹琴上，那么，钟子期就不可能从琴声中听出他的意念。

师：你说得特别好。老师有一个问题想问你一下，这全部的意念，他心中所想的，你从哪个字上读到的?

生："志"。

师：真好，你来读一读这个句子。

生：伯牙鼓琴，志在高山，钟子期曰："善哉，峨峨兮若泰山。"

4. 朗读品味，感受高山流水意象

师：当"伯牙鼓琴，志在高山"，此时钟子期心中浮现出怎样的高山？

生：巍峨、峻莽的泰山。

师：你从哪个字中读到巍峨、峻莽？

生：："峨峨"这两个字。

师：真好，你能不能读出它的味道来？

师：有味道，谁还来读这句，读出这巍峨、峻莽的泰山的感觉？

（多人读，齐读）

师：你看，那么多的意象，子期仅用了一个"峨峨兮"便已表达出来，古人讲话真是"简约而不简单"。从子期的话中间，同学们还能从哪些词上也读到钟子期善听？

生：我从这句"志在高山"知道伯牙心里想的是高山。

生：我还从"善哉"得出。因为"善哉"的"哉"，是语气词，表示感叹，说明钟子期已经十分强烈地感受到伯牙弹琴想的是高山。

师：用现在的话来说，这个善哉就是？

生：好啊！

师：好啊！你来十分强烈地读一读。（此生激昂地读）

师：我分明从你的朗读中听出了子期在赞美伯牙的琴声。谁也像子期一样来赞一赞？（多位读）

师：发自肺腑，真心诚意。

师：（抓住其中的一人朗读）哎，我听出你这个"泰山"读得特别有味道，能说说这个词吗？

生：因为泰山很高的嘛，就说明，那个伯牙心中想到很高的泰山。

师：心中想到高山，哪位同学想要对"泰山"进行补充？

生：我认为，泰山是指这个山非常高，因为孔子曾经登泰山而小天下。

师：精彩！也就意味着伯牙的琴声非常高超！你能不能读出这个"五岳之尊"的气势？（该生读）

师：有味道。谁也来读出泰山的王者风范？（请一男生读）

师：真好，同学们，刚才那位女同学说到"哉"这个语气词，其实，细心的同学一定发现这个句子还有一处语气词，谁来说一说？

生：是"善哉，峨峨兮"的"兮"字。

师：为何短短的一个句子，用了两处语气词呢？

生：我觉得钟子期他强烈地感受到伯牙弹琴时想的内容，想到这高山的巍峨。

师：他就不由自主地想赞叹这琴声是吗？你来读一读，读出这语气词的味道。

（指若干名学生读带"兮"的两句话）

师：嗯，读得真好，细心的同学一定还发现了，除了两处语气词，文章还出现了好几次"善"字，它们表达的是一样的意思吗？

生：我觉得上面一个"善"的意思是"擅长"，而下面这个"善"的意思是赞美伯牙弹的曲子好听。

师：如此动听的琴声，子期可是从未听得，此时他心中不禁想这样赞叹。

（生读整句）

师：我都听出感叹号的味道了，你们真会读书。

师：读书就该像你们刚才那样，从文章的字里行间去读懂它的意思，尤其是古文，字字珠玑。刚才我们从这句上读懂了"伯牙善鼓琴，钟子期善听"，那么，现在你对"善哉，洋洋兮若江河"这个句子又有何体会？能不能把你的体会，用你的朗读表达出来？

（第二句教学有别于第一句，采用以读出感受再说出理解的方式，放手让学生去体会。）

师：你那个"江河"读得特别响亮有气势，你能说说你的理解吗？

生：和泰山相比，这江河也有长江黄河的气势！

师：我听出了那种江河的浩荡之情。谁也来读出这种气势？（生读）

师：你那个"洋洋兮"也读得特别好，说说你的体会。

生：这个江河都非常宽广，伯牙弹琴时，子期心里也想着这江河。

师：从同学们的朗读中，我也和子期一样听出了这琴声中的宽广浩荡之势。

伯牙所念，钟子期必得之。

师：高山也罢，流水也罢，善鼓的伯牙无论弹什么，善听的子期都能听懂。这真是"伯牙所念，钟子期必得之"。

师：结合刚才对两句话的理解，同学们对这句又读懂了什么？（大屏幕出示：伯牙所念，钟子期必得之。）

生：我读懂了，伯牙心里想着什么，钟子期一定会和他想的一样，并且能够从他的琴声里面听出。

师：你从哪个字上读到的？

生："伯牙所念"的"念"字。

师：刚才上面有一个和"念"相近的字，谁发现了？

生：我觉得应该是"志"。

师：这位同学读书能联系上下文，上下勾连来理解，真好！你来读一读。

师：谁对这句话有不同的体会？

生：我认为这个句子的重点应该放在"必"字上，因为"必"说明伯牙无论弹什么，他都体会到他的意思，而且不会听错。

师：确信无疑啊。你也来读一读。

师：是啊，同学们，当伯牙鼓琴，志在高山。钟子期曰——（生答读：善哉，峨峨兮若泰山。）志在流水，钟子期曰——（生答读：善哉，洋洋兮若江河。）

善鼓的伯牙无论弹什么，善听的钟子期都能听懂。这才是"伯牙所念，钟子期必得之"。

第二部分：山不是山，水不是水

1. 追寻思念，感怀千古寂寞、万般惆怅

师：同学们，其实伯牙和子期只是一次偶然的相逢。读读屏幕上的文字，你对他们会有更多的了解。

（大屏幕出示资料）

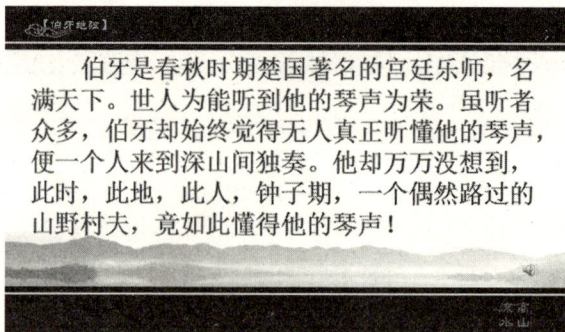

【伯牙绝弦】

伯牙是春秋时期楚国著名的宫廷乐师，名满天下。世人为能听到他的琴声为荣。虽听者众多，伯牙却始终觉得无人真正听懂他的琴声，便一个人来到深山间独奏。他却万万没想到，此时，此地，此人，钟子期，一个偶然路过的山野村夫，竟如此懂得他的琴声！

师：此时的伯牙心情如何？

生：非常高兴。

师：高兴不已啊！

生：很快乐。

师：兴奋至极啊！

生：庆幸自己终于有了知音。

师：欣喜若狂啊！

生：激动。

师：激动万分啊！

生：我觉得他非常惊喜。

师：喜出望外啊！

2. 切己体察，感动一见如故、相见恨晚

师：伯牙于是把这份惊喜和激动化作高山流水在林间流淌。同学们，此时的伯牙多想对子期一吐心絮啊。如果你就是当时的伯牙，你最想对子期说些什么？拿起笔把你最想说的写在纸上。

（几分钟现场写作，和着琴箫合奏的背景音乐）

师：看到大家的笔下都流淌着伯牙此时兴奋的心情，能把你此刻的心情读给大家听吗？

生1：子期啊，你真可谓是我的知音啊，只有你能听懂我的琴声和心声。

师：噢，他还能从这琴声中听出心声。相识满天下，知音只一人啊。

生2：知我者莫于子期！

师：从前是满面春风皆朋友，如今是有缘千里终相会！

生3：子期，我所念，你必定能够透过琴声猜透。你真可谓我绝世的知音啊！

生4：我虽是名满天下的宫廷乐师，可是我内心的孤独和寂寞谁能知晓？今日遇见你，实乃三生有幸。今日只有你与我相伴。

师：你真是走入伯牙内心深处去了，这正是他想说的啊！

生5：啊，你真是我的知音啊。

师：一个"知音"足矣。

生6：谢谢你，子期，你真了解我。是你排解了我心中所有的孤单，使我变得非常愉快，让我觉得这个世界不至于寂寞到死。

生7：钟子期，是你听懂了我的琴声，明白了我的心声。是你让我解脱了我的孤独和寂寞。

生8：没想到你一个山野村夫，既能听懂我的琴，还能听懂我的心和高山、流水的情怀。

师：哇，真好。他竟然能从这个琴声中听出伯牙这高山一般的志向和流水一般的情怀。那么再让我们来读读这高山、流水，体会伯牙的志向和胸襟！

（回读、指名读、齐读）

3. 吟读倾诉，感悟高远志向、宽阔胸怀

师：这琴声、这心情、这情怀，子期都听懂了吗？

生：听懂了。

师：为什么你如此断定？

生：因为"伯牙所念，钟子期必得之"。

师：是啊！现在你对这句有什么新的体会？

生1：我觉得伯牙的这个琴就好像是他们之间的情感纽带，是他和子期之间的一座桥梁，使他们可以心有灵犀。

生2：我觉得这个钟子期虽然是个山野村夫，但他能听懂大自然的音乐，和这个伯牙心有灵犀。

师：琴声也懂，心情也懂，志向也懂，情怀也懂。这等知音，才是真正的知音啊！（板书：知音）

第三部分：山还是山，水还是水

1. 触景生情，此时无声胜有声

师：（深情地）同学们，伯牙和子期多么也想永远像高山和流水那样相伴相随。他们约定来年再在老地方再次相会。一年之后的中秋节，伯牙满怀欣喜，乘着一叶扁舟而来。然而，（语气急转凝重）然而，当他来到他们去年相会的地方的时候，等待他的不是子期的人，而是子期冰凉的墓碑！此时高山落寞，流水无语。站在坟前的伯牙多想鼓一段琴给他的知音钟子期听啊。于是，他拨动琴弦，把千言万语都化作了琴声。

（《流水》音乐响起，全场回旋着急促的琴声，一分半钟后，突然断弦。）

师：你从这伯牙的琴声中听出了什么？

生1：我觉得伯牙这次的琴声，虽说没有以前的那么动听，但是我分明听到他是在对钟子期说：子期呀，你为什么不等等我？

生2：我从这个伯牙的琴声中，听出了他对子期绵绵不绝的思念。

生3：我听出了伯牙对钟子期深深的怀念。

生4：我在最后听到这个琴声很急促，很悲伤，最后戛然而止，我觉得这是伯牙对子期的诀别。

师：悲莫悲兮生别离！可是此时，善听的子期再也听不到这些。

2. 回环诵读，言有尽而意无穷

师：大家能把此时伯牙的心情读出来吗？（屏幕出示：子期死，伯牙谓世再无知音，乃破琴绝弦，终身不复鼓。）

子期死，伯牙谓世再无知音，
乃破琴绝弦，终身不复鼓。

（多人深情朗读）

师：断的只是弦吗？

生：不，他们的友谊也就此断了！

生：我觉得是肝肠寸断！

师：碎的只是琴吗？

生：他的心碎了。

师在学生深情朗读时转换角色追问：伯牙，你为何破琴绝弦，终身不复鼓？

生1：这个世界上再也没有人听懂我的琴声，我还弹给谁听？

生2：子期不在，琴已没了任何意义，我不再弹琴。

师继续追问：伯牙，你不为高超的琴艺感到可惜吗？世人将从此失去一个伟大的音乐家啊！

生1：我一点都不觉得可惜，这个世界没有了子期，我的琴没有人再听得懂，我宁要知音，不要古琴。

生2：我根本不在乎什么音乐家！我的琴只为听得懂的人而活着。

生3：我觉得人生得一知己足矣！

师：是的，伯牙绝弦，因伯牙所念，子期之后，世再无人得之！

（屏幕出示：伯牙所念，世再无人得之！）

3. 高山流水，道是无情却有情

师：那一声琴碎，使得伯牙琴声终成绝响，但是，高山依旧，流水依旧，只是在山水之间多了一段"知音"的千古佳话，道是无"琴"却有"情"，让我们一起再读读这个古老的故事，一起感受他们荡气回肠的高山流水般的朋友之情。

附评课：

绝了！《伯牙绝弦》

王崧舟

现场听完钱锋执教的《伯牙绝弦》，惊喜之情难以言表。欧阳修看苏轼的文章，"不觉汗出，惊为异人"，并大呼："三十年后，无人道着老夫也！"我听此课，亦是同等汗出、同等惊呼，脱口而出的只有"绝了"！

真是绝了！以短短40分钟的工夫，将课堂演绎得如此大气磅礴、荡气回肠，况所演绎者乃古文之精髓，大家气象亦不过如此而已。

《伯牙绝弦》一文，以文字的质地论之，属妙品；以文学的气韵论之，属神品；以文化的神采论之，属极品。伯牙遇子期，三生乃幸；《绝弦》遇钱锋，也算是对得起各自的造化了。依我看，何人教何文，大有天机在。上上品课文，若无上上品才情和学养之人接洽之，终无意趣。

钱锋为《绝弦》而生，幸甚！为《绝弦》而盛，岂非善哉？

一绝在"读"

妙品即如《绝弦》，其文字的质地如何，功夫也全在一个"读"字上。把古文读通，对多数学生来说实非易事。朱熹有言："凡读书，须字字响亮。不可误一字，不可少一字，不可多一字，不可倒一字，不可牵强暗记，只是要多诵遍数，自然上口，久远不忘。"把功夫扎扎实实地化在读原文上，实乃学好语文之金玉良言。钱锋的先声夺人处，无他，一"读"字耳。公开课，我们习惯于出奇制胜，奇想、奇巧、奇妙、奇异，以为倘无"出人意料"之"奇"，便再无制胜之可能。殊不知在"花样百出、争奇斗艳"的公开课语境中，"无奇"之"奇"方为真奇！一个"读"字，无奇之至，却又出奇之极。

课始，读题目，为"弦"字正音，无奇。继之，读全文，学生跟着老师一句一句读，无奇。再继之，请学生练读难读的句子，亦无奇。就这样，读一读，议一议；读一读，悟一悟；读一读，品一品；读一读，写一写。

一个"读"字，若蛟龙，上天入地；若江河，青山遮不住，毕竟东流去。全课在"子期死，伯牙谓世再无知音，乃破琴绝弦，终身不复鼓"的琅琅书声中戛然而止。霎时，台下掌声雷动、经久不息。还能说些什么呢？本分的"读"、本色的"读"、本真的"读"，在《绝弦》一课中声振林木、响遏飞云，余音绕梁、三日不绝。

无疑，"读"在此课成了某种绝招、绝艺、绝学甚至绝唱！

此或可谓阅读教学"山就是山，水就是水"吧？

二 绝在"悟"

悟不离读，读不离悟。总是读读悟悟、悟悟读读，方能收读悟不二、悟读一体之功效。

《绝弦》一课，读不是一个环节、一种元素，读是课的主体，像光、像电一样辐射课之所在的全部时空。而"悟"呢，则如影随形，读在哪儿，悟在哪儿；读到何时，悟到何时。读的，自然就是那原汁原味的文字，此乃阅读教学的第一法则，即所谓"直面文本"。那么悟呢？悟的又是什么？《绝弦》一课，于悟处则往往别出心裁、独出机杼，这就是才情！

一悟"言语形式"，一悟"意象情味"；入则"言语形式"，出则"意象情味"；一在文字之表，一在文字之里；一个关乎语文的"独担之任"，一个关乎语文的"天下公器"。

言语形式之悟，全在课文的首句"伯牙善鼓琴，钟子期善听"。此句化之，则推衍为全文；全文缩之，则简省为首句。此句和全文，是同构共生，是纲举目张，是一发全身。对此，钱锋谙熟于心。全课悟读，正是始于此句。于是乎，"善鼓""善听"如鸟之双翼、车之两轮，在《绝弦》的教学进程中相辅相成、一气呵成。

意象情味之悟，则可圈可点之处颇丰。譬如文中两个"善"之异的点拨，譬如"志""念"之同的钩沉，譬如"高山"意象的绵密咀嚼，譬如"必得"情味的强势体悟等。

悟"言语形式"，悟"意象情味"，所悟者无非"琴声"。琴声者，实乃心声也。藉了教师的层层点化，学生终于悟向"知音"。《绝弦》所言，是两位知音之间的那种生命与生命在交流碰撞以后所产生的心心相印、心有灵犀，这是两个生命的叠加，两个人其实是一个人。这是一个人的两半，一半渴望表达，另一半渴望倾听，无论渴望表达还是渴望倾听，它们都渴望理解，一种生命深处、灵魂深处的精神契合。

教学至此，已然"山不是山，水不是水"矣！

三绝在"化"

《绝弦》一文，以文化神采论之，实乃极品。知音文化流布千年，早已成为中国文化人的一种独有的精神基因。《绝弦》一事，公认为知音文化中最具识别力的文化符号。

刘勰说："知音其难哉！音实难知，知实难逢，逢其知音，千载其一乎！"（《文心雕龙·知音》）人各有志，情思何异？真正的相知尚且艰难，认同则更是出于万一，因此刘勰要感叹"逢其知音，千载其一乎"。知音之意义，正在于知音者能从万人之同中认识到我一人之异，并倾心认同。

有人谓伯牙"破琴绝弦"谢知音的方式不可取，有人谓"终身不复鼓"实在不值，为知音代价太大。凡此种种，不一而足。这种古典情怀、经典人文岂容我辈这些不知音者以现代精神、时代意识的名义解构之、颠覆之？

幸甚！钱锋对知音文化的敬畏和歆羡，使他有了足够的理由放弃对"知音"的一切现代的却是粗鄙的诠释。他要做的，只是一个"化"字。以文化之，以象化之，以情化之，以心化之。能"化"则化，不能化，则也顺其自然、等待机缘。

《流水》琴声，在融入课堂语境的同时，也深深地楔入了学生解读知音的心灵。而"伯牙，你为何破琴绝弦，终身不复鼓？"这一直指究竟的意义之疑、价值之问，则将知音的千年文化清清爽爽、明明朗朗地呈现在每个人的眼前。

古典情怀的守护与守望，是一个知音者对另一个知音者的膜拜和会心一笑。原来，阅读教学"山还是山，水还是水"。

做一只自在飞翔的白鹭

——《渔歌子》课堂实录

一、清音正形，不觉转入词中来

学生读童谣引入：

蚱蜢跳高

小小蚱蜢学跳高，

一跳跳上狗尾草。

草一摇，摔一跤，

头上跌个大青包。

放羊

大草原上去放羊，

鞭子一甩唰唰响。

鞭子短，鞭子长，

山羊绵羊五花羊。

师：读一读这些童谣，感觉怎样？

生：很有趣，很顺口。

师：为什么读起来顺口呢？

生：都是押韵的。

生：第三句中间断开了。

师：这样一来，反而有节奏，更适合口头唱。

出示《渔歌子》。

渔歌子

唐·张志和

西塞山前白鹭飞，

桃花流水鳜鱼肥。

青箬笠，绿蓑衣，

斜风细雨不须归。

师：读一读，你们有什么发现？

生：和童谣一样，字数都一样。

师：是啊，《渔歌子》以前也是能唱的，和童谣一样。不过，今天学的这首词比童谣的岁数大多了，有一千多岁了。这首词是中国文学史上可以考证的第一首词，后来的宋词都是由它发源而来。《渔歌子》是词牌名，是一种格式吧！把它读正确、读通顺，好不好？大家自己读读试试。（生练读）

师：这么齐心啊，读着读着就读到一起了呀！（生笑）谁能读给大家听？（一生读）

师：读得很正确，老师希望你能读得再响亮一些。（另一生读）

师：这个男孩子，看来你预习过了。你预习的时候，觉得哪几个字容易读错呀？

生："鳜"。

师：那你就来读一读"鳜"字所在的那一句。

生：桃花流水鳜鱼肥。

师：这个字不仅容易读错，还很难写。你能照着课文把它写在黑板上吗？（生写）

师：还觉得哪几个字不好写？

生："蓑"。

师：能把它念正确吗？（生练习读）

155

师：平舌音，一起读。

生："蓑"。

师：好的，请你把"蓑"也写在黑板上。（生写）

师：其实呀，同一句中的"箬笠"这个词也不好念。谁来读？（生练读）

师：读得很好，我们跟着她读。（生练读）

师：你也去黑板那边写一写这个词语。还有需要提醒的吗？

生：白鹭的"鹭"，下面"鸟"的点容易漏掉。

师：你很会发现问题，那个点是鸟的眼睛。那你就把它写清楚。我们来看黑板，比较难写的几个字已经写在黑板上了，看一看，有没有需要提醒大家的？

生："鳜鱼"的"鳜"没写好。

师：对，写正确不一定写好。那么你能到黑板这写一写吗？（生写）

师：同学看，黑板上的这些字有什么共同点？

生：鳜是左右结构，其余都是上下结构的。

师：对，这是一个特点，还有，不知大家有没有注意到字的偏旁？

生：鳜鱼的"鳜"是鱼字旁，它是一种鱼。白鹭的"鹭"是鸟字旁，它是一种鸟。

生："蓑衣""箬笠"跟草和竹子有关。

师：都很厉害，形声字的结构一目了然。大家一起来把这几个字写一写，注意笔画多的几个字的结构。（生练写，师巡视并评价）

师：读也读正确了，字也写好了。现在再来读一读这首词，看能不能读得更流畅一些，能不能试着读出点"词"的味道。自己读！（生读）

师：哪位同学愿意读给大家听？（指名读）

师：读到现在，你们该发现词跟诗不一样的地方了吧？

生：一声、二声读得长。

生：都很押韵。

师：这是你们自己的感受。在字数上，有没有发现它们是长短句？尤其读读后两句，感受一下词的特点。（生读）

二、声色有无，意象九境皆入画

师：读着读着，眼前仿佛浮现出一幅怎样的画面？

生：我仿佛看见了西塞山前有一群白鹭展翅起飞。

师：噢，是哪一句给你这种感觉的？

生：第一句。

师：能根据词中的某一句想象成一幅画面，真好！谁还能试试看？

生：我看到水里面有很肥的鳜鱼在游动。（生读"桃花流水鳜鱼肥"）

生：我仿佛看到那个老渔翁头戴箬笠、身披蓑衣在溪边钓鱼。（生读"青箬笠，绿蓑衣"）

师：好，能不能把你们刚才说的一幅幅画面连起来说一段话？自己先练一练。（生练，交流后说）

师：这样看来，这首词似乎很简单啊，都懂了？那有没有不懂的还要问问的呢？

生：为什么词的名称叫"渔歌子"？

师：因为它其实最初就是渔人打鱼时唱的歌曲。

生：为什么是"斜风细雨不须归"中的"须"，而不是"需"？

师：好问题。是啊，为什么呢？谁来帮助他？

生：因为词中的渔人头戴斗笠、身披蓑衣，所以不用担心下雨。

师：从生活角度来说的确如此。但是，这位渔人不肯回家仅仅是因为他头戴斗笠、身披蓑衣吗？也许更多的理由藏在词中所提到的这九种景物中，我们一起来寻找答案。张志和用这九种景物把词串联起来。（课件展示：西塞山、白鹭、桃花、流水、鳜鱼、箬笠、蓑衣、斜风、细雨）

师：你觉得哪一种最能让张志和流连忘返不想回家？用笔圈出来。（生圈画）

师：谁来交流你圈画的理由？

生：我觉得是"桃花"。因为"桃花流水"给人感觉景色特别美。

生：我们中华一区就有一片桃花林。

师：哦，那你见过，一定是很多的桃花，连绵成片吧。古人也很喜欢桃花，写了很多桃花的诗句。我们来看一下好吗？

斜风　西塞山　蓑衣　流水
细雨　鳜鱼　箬笠
桃花　白鹭

（课件出示：缘溪行，忘路之远近，忽逢桃花林。——陶渊明《桃花源记》

桃花流水杳然去，别有天地非人间。——李白《山中问答》

人间四月芳菲尽，山寺桃花始盛开。——白居易《大林寺桃花》）

（生自由读）

师：你读到的这些诗句中，桃花都开在什么地方？

生：山里，"桃花流水杳然去，别有天地非人间"。

生：我也觉得是山里，"人间四月芳菲尽，山寺桃花始盛开"。

【桃花名句】

缘溪行，忘路之远近，忽逢桃花林。
【陶渊明《桃花源记》】

yǎo
桃花流水杳然去，别有天地非人间。
【李白《山中问答》】

人间四月芳菲尽，山寺桃花始盛开。
【白居易《大林寺桃花》】

师：你们很会发现。桃花还开在哪里？

生：溪边，如果桃花落了，落在水里就会非常好看。

师：是啊，这些诗句中的桃花美景都开在安静而偏僻的地方。那么，《渔歌子》这首词中的桃花开在什么地方？

生：小溪旁边，"桃花流水鳜鱼肥"。

师：这景色该有多么美丽呢！这么美的景色，你们能带着喜悦的心情

读一读吗？（生读）

　　师：其他同学也能像她这样，读出愉悦的感觉吗？（生读）

　　师：还有哪一个景物你认为令词人"不须归"？

　　生：我觉得是"青箬笠"和"绿蓑衣"。

　　师：我这里有幅图片，北方的同学可能很少见，这是从前江南常见的生活用品。大家一起看看"箬笠"和"蓑衣"。（课件展示）

　　师：你们看这"箬笠""蓑衣"的颜色是青绿色吗？

　　生：不是。

　　师：对呀，这明明是一种脱水后的枯黄色，为什么说是"青箬笠""绿蓑衣"呢？

　　生：我觉得是雨把草和竹叶的颜色染成了绿色。

　　师：这想法了不起！"染"这个字用的水平尤其高。把"青"和"绿"染上去的色彩一定令人心旷神怡。来，把这样明亮的感觉读出来。（生读。师范读。生再练读）

　　师：还有什么也"染"在了"箬笠"和"蓑衣"上？

　　生：西塞山的颜色也染在了上面。

　　师：是啊，不仅山的颜色染在了上面，甚至于水中的倒影也把它映成了绿色。你们能把这种"青山绿水"的明丽感觉读出来吗？我读第三句，你们读后一句。（师生接读）

三、近水遥山，草长平湖白鹭飞

　　师：说了这么多，其他同学还圈了哪个令词人不须归的景物？

　　生："白鹭"。

　　师：啊，像你这样选"白鹭"的同学一定有独特的理由。在这一片青山绿水中这一抹白色的身影飞过，那是一种怎样的感觉？

生：那一定是很美的。

师：那你就"很美"地读读第一句。（生读）如果你们读得让大家眼前浮现出这个画面那就厉害了。（生读）你把它读活了！让我们一起来看看这轻盈的白鹭吧！（出示图片，生发出惊叹）

师：就是这样清新脱俗的白鹭停在张志和的舟边，那会是一种怎样的意境啊，想一想！

生：很漂亮，让人眼前一亮。

【燕子诗句】

旧时王谢堂前燕，飞入寻常百姓家。
——刘禹锡《乌衣巷》
燕子家家入，杨花处处飞。

师：春天来了，人们首先常常想到燕子才是，词人眼中怎么没有燕子呢？读一读这些诗句：

师：诗中的"燕子"都生活在哪里？

生：家旁边。"飞入寻常百姓家。" "燕子家家入。"

师：对啊，那词中的白鹭又生活在哪里？

生：水边。

生：山上。

生：生活在人少去的地方。

师：没错，那是一种离人群很远的鸟。那就让我们一起看看张志和眼前那只飞翔的白鹭吧！（配乐连续播放十几幅白鹭悠然飞翔的图片）

师：当张志和眼前飞过这样悠然的白鹭时，他心里会怎么想？

生：真希望它多停留一会儿。

生：如果我也能有这样一只白鹭该多好呀！

生：如果我能跟着它一起飞那就好了！

师：想着和白鹭一起飞向哪里？

生：飞到山上去。

生：飞到水边去。

生：飞到远离人群的地方去。

师：你如果就是那只白鹭，飞啊飞，会看到什么？

生：看到西塞山前美丽的山水景色。

生：看到桃花流水里的鳜鱼，看到斜着吹的风，细细下的雨。

师：张志和做过官，去过繁华的城市，为什么却偏偏觉得眼前的景色美呀？

生：因为这里有很肥的鳜鱼。

师：醉翁之意不在酒，渔翁之意不在鱼啊，西塞山边吸引他的可能不只是鳜鱼。

生：还有如诗如画的风景。

生：还有像白鹭一样自由自在的生活。

师：是呀，如果他也能像白鹭一样自由自在地飞翔，那该多好呀！这也许是词人那一刻最渴望的，那就把这份自由的感觉读出来吧！一起读。

（生很有感情地投入朗读）

师：真是不想回家了。一起带着这样的感觉来吟诵整首词吧！（播放江南丝竹音乐，生反复投入地吟诵）

师：张志和流连于山水之间，先前那位同学所问到的"不须归"似乎就是这样的一份心情啊！读出来吧！（生读）

师：我看到你陶然忘我的神色，你来诵读一下好吗？（生读）

师：我们给他掌声好不好呀？这么如痴如醉，读出这首词的情味来了，这才是词的味道！如果让你成为九种景物的一种，你最想成为谁？

生：我想成为白鹭，因为它可以自由自在地飞翔。

师：这也是作者心中所想呀，不受任何约束地飞翔。

生：我想成为鳜鱼，能够被张志和这样的名人钓到，也是一种荣幸。

（生笑）

师：哈哈，张志和那根直直的鱼钩钓不到你，你仍然是自由自在的鳜鱼，没人打扰。

生：我想成为细雨，因为是细雨染绿了青山绿水，给人感觉柔柔的。

师：是啊！这九种景物能够连成一体，它们都是被哪个词连起来的？

生：是"斜风细雨"。

师：斜风细雨啊！有了斜风细雨，它们还是一个个互不相关的景物吗？

生：不是，那是一种仙境般的画面。

师：有了这斜风细雨，仿佛有位神仙在上面挥洒，把整个西塞山的美景全部融成一幅巨大的水墨画。

师：此时的张志和在哪里呀？

渔歌子
唐·张志和

西塞山前白鹭飞，
桃花流水鳜鱼肥。
青箬笠，绿蓑衣，
斜风细雨不须归。

生：坐在船上。

师：既在船上钓鱼，也置身在这意境里忘记了钓鱼。那我们就一起跟随他，闭上眼睛，想象着画面，走入词中吧！（生有感情地配乐吟诵）

师：至于张志和是何许人也，为什么他那么喜欢山水而不想回家，你们长大会有更真切的体会。那时，你们就会更加喜欢这首词，更喜欢这个"斜风细雨不须归"的张志和了。记住这美丽的画卷，一起做一只自由自在飞翔的白鹭吧！好，下课。

折一根春秋的杨柳

——《采薇》课堂实录

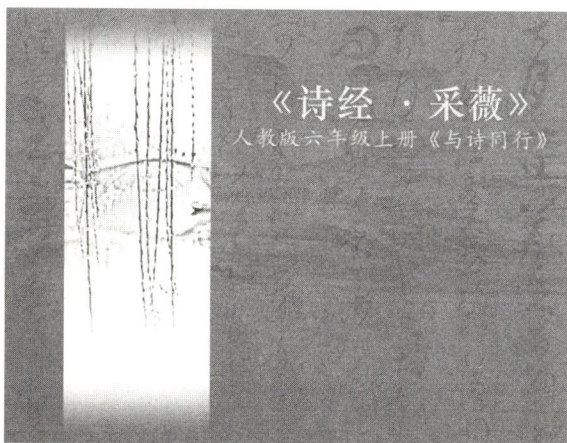

《诗经·采薇》
人教版六年级上册《与诗同行》

一、引源入流

师：同学们，中国是一个诗歌的国度，在全世界的文字中，没有一个国家的语言能够像汉语一样在长达两千多年的时间里用诗串成了一部文学史。而所有这些诗歌都有一个共同的源头，那就是《诗经》。

师：你们知道什么样的文字能够被称为"经"吗？

生：很经典的文字。

生：后人很尊敬的文字。

师："经典"一词说得好。能举几部"经"吗？

生：好像有部《佛经》？

师：嗯，不是一部，是佛教经典著作的统称。

生：还有一部《圣经》。

师：对，世界三大宗教你们说到了两个，还有一个伊斯兰教，他们供奉的是《古兰经》。这样看来，被称为《诗经》的是一部怎样的著作？

生：诗歌的经典。

生：被后来的诗人当作经卷的诗歌集。

师：很会举一反三。是的，《诗经》是历代的文学家顶礼膜拜的一部至高无上的经卷。相传是孔子根据流传于先秦春秋时期的诗歌删编汇总而成的，总共305篇，后人也常以"诗三百"来称呼它。六年级这一组《与诗同行》是你们在小学第一次接触到《诗经》，今天，就让我们走进这风雅的开端。

二、初步读诗

师：谁来读一读题目？

（生读，教师提醒注意"节选"两个字，并顺带解释采薇是一种植物）

师：节选部分只有两句，16个字。谁来读一读？

（第一个学生读）

师：读得通顺流畅。

（第二个学生读）

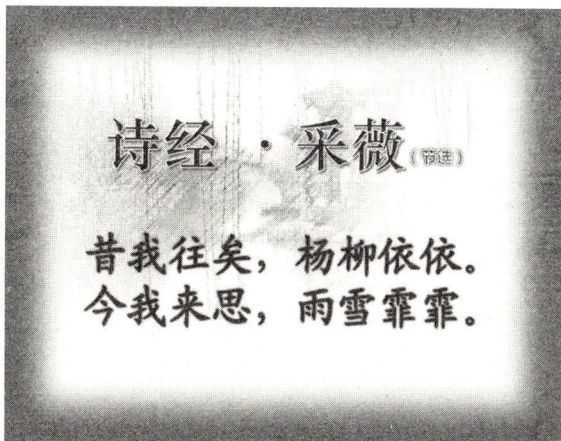

诗经·采薇（节选）

昔我往矣，杨柳依依。
今我来思，雨雪霏霏。

师：好像在读四个成语。

（第三个学生读）

师：感觉到点诗的味道了。表面上像成语，别给迷惑了，毕竟还是诗，自己试一试，怎么读出诗的味道？

（学生自由练习读）

（第四个学生读）

师：有味道了，有一个字读得特别好，大家听清楚了吗？

生：矣。

师：对啊，这个字读得有味道，诗的味道就来了，这是为什么呢？

生："矣"是语气词。语气读好了，诗的味道就来了。

师：说得好，你也能试试吗？

（该生读）

师：这位同学读诗有秘密，不知大家听到了没有？

生：还有一个字他也读好了，那个字是"思"，那也是语气词。

师：会听的同学往往都很有悟性。"思"现在不大用作语气词了，你是怎么知道的？

生1：因为"矣"的位置和"思"的位置相同，上下对应，所以，我想也是。

生2：书上有注释。

（众笑）

师：哈哈，不要笑，能看到注释也说明他会读书，懂得用。更难得的是那位同学发现了位置上的对应，那是了不起的发现。那就一起来读好这两个语气词，读出诗的韵味来。

（生再读，齐读）

三、直映解诗

师：读下来，你对这首诗有什么感觉？

生：没想到两千多年前的诗这么简单。

师：是啊，还有呢？

生：比我们以往学过的古诗字都要少。以前最短的也都是五言，这首诗是四言。

师：嗯，这首诗读一遍就能背下来。再好好看看，除了简单之外，你还有什么发现？

（生短暂沉默）

师：可能是我问得太含糊，从诗的表达上，你发现了什么？

生：我发现这首诗有很多地方都是上下相对的。

师：这是重要的发现，说来听听。

生：第一句"昔我往矣"和下面"今我来思"相对。

师：深入到字里行间，你具体说说。

生："昔"对"今"，就是"过去"对"现在"。

师：不但把对应说清楚了，而且还把意思说清楚了。这是时间上的对应。其他呢？

生：还有方向上的对应，"往"对"来"，就是"出去"和"回来"。

生："杨柳"对"雨雪"都是自然景观，"依依"对"霏霏"都是叠词。

师：真好，一点就通。如此看来，这16个字的节选部分，同学们应该都能用自己的话来说一说了。

生：从前我来的时候……

师：慢，是来的时候还是去的时候？

生：从前我出发的时候，（师：对，"往"是出发啊。）杨柳飘飘荡荡；现在我回来的时候，雨雪纷纷地落下来。

师：说得清晰流畅。谁再来根据自己的理解试试？

生：从前我出发的时候，正好是春天，杨柳随风轻轻地飘荡；现在我回来的时候，是冬天，雨雪纷纷扬扬，不停地下着。

师：真好。加入了两个季节，最可贵的是她将当时杨柳和雪花的状态都描述进去了，看似加了两三个词，味道完全不同啊！刚才这位同学的感觉可能受书上的画面影响，一起看着书上的图，再结合这首小诗，专注地看，你有什么新的感觉？（出示：书上插图）

（学生稍看）

生：我感觉这是一个初春，作者骑着白马出发了，路的两旁都种满了杨柳，路边还有一个亭子，似乎看上去都被杨柳掩盖了。

师：很美是吧？

生：是。

师：骑着白马在这样一个时刻闲庭信步，你猜想他的心情怎样？

生：心情应该是非常愉悦的，感觉是很有希望的。

师：对，有点"春风得意马蹄疾"的感觉，不过，不是"急"，而是漫步。还有什么感觉？

生：我感觉是满眼的新绿。

师："新绿"，好词。继续说。

生：这时柳枝刚抽出嫩芽，是一年之计在于春的好时节。

师：这位同学有很高的文学水平，一开口就不同凡响。你看到杨柳的姿态了吗？

生：那是轻轻地摆动着，好像要拖住这个游客，很不舍得的样子。

师：哈哈，有意思，看出了杨柳的情思了。这个"很不舍"的样子，如果从诗句中去找寻依据的话，那是哪一句？

生："杨柳依依"。

师：具体说是哪个词给你这种感觉？

生："依依"。

师：嗯，看到"依依"，你还会想起哪些词？

生：依依不舍。

生：依依惜别。

生：聚也依依，散也依依。

师：语词积累很丰富。"依依"是什么词？

生：动词。

师：哈哈，不是。

生：叠词。

师：读一读"杨柳依依"，看是不是能感觉出这种依恋不舍的感觉。

（生读）

（另一生再读，"依依"明显较先前有了余音）

师：听出来了吗？现在读起来有什么感觉？

生："依依"这个叠词仿佛有一种贴着你，拉着不肯走的感觉。

师：是啊，如果古人要表达这种感觉是用"杨柳嘎嘎"，你觉得适合吗？

（众生笑）

生：听起来很难听。

师：不只难听啊，可见，我们的汉语多美啊，不光读音动听，我们还能从读音中我们听出一种感觉。什么样的读音就有什么样的感觉。来，一起读一读第一句，再来体会一下这种感觉。

（生齐读）

师：那么，"雨雪霏霏"呢？书上没有画出来，你能想象是一个怎样的画面吗？

生：大概是满天都飘着白雪，地上是一大片一大片白白的雪花覆盖着，有一个人在雪地上走着。

生：我从"霏霏"上感受到雪花仿佛飞得很轻柔，慢慢地落到地上。

师：触类旁通，了不起，词感很好。你看到的是一个冰雪洁白的世界。读出你的感觉。

（生再读）

师：语文是多么需要想象啊，古诗尤其是这样，我们从一个词上能读出自己独特的感受。好，那就连起来把你们认为的美好感觉读出来吧！

（生齐读整个节选部分）

四、正本清源

师：同学们，其实《采薇》不是一首小诗，而是一首很长的叙事诗，在节选部分的结尾还有这样的两句，也许读了以后大家会产生一些和刚才想象中不一样的感觉。

（屏幕出示后两句）

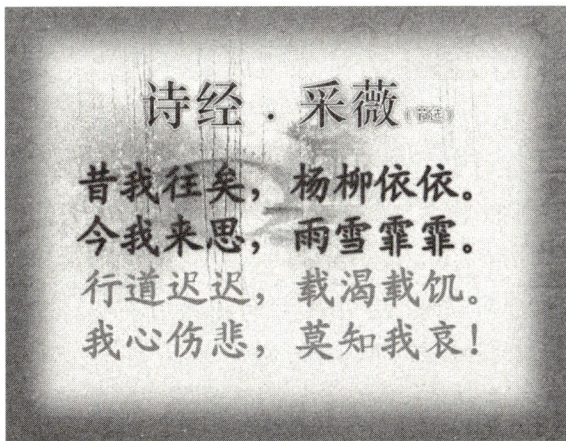

学生读屏幕上的两句诗。

师：有什么不一样的感觉？

生：我感觉他好像赶路很累的样子，我从"载渴载饥"中感受到的。

生：和刚才不一样，本来我以为是很美的，没想到作者内心是很伤心的。

师：你显然是从"我心伤悲"感受到的。能猜想一下这个"我"大概是一个怎样的赶路人吗？

生：可能是一个很落魄的读书人，赶考失败。

生：可能是一个常年在外面打仗的士兵。

生：可能是早年和家里人失散，现在老了，回来了。

师：同学们的猜测都有一定的道理。不过，这首诗的背后是一场真实的战争。我们一起来读一读这首诗背后的这段往事：

> 周宣王时，北方匈奴趁周王朝动乱和大旱灾之故，侵略边境。一位年轻人应征入伍，远赴边疆。他想不到的是这一去竟然是那么多年。这些年，戍守大漠，日日战火，这些年，望断乡关，杳无音信。在塞外的夜晚，他总遥望夜空，盼望着有朝一日和家人团聚。十多年后的一个冬天，他终于踏上了遥远的归途。道路泥泞，漫天飞雪，他想着当年出征时的情景，路还是这条路，人却早已不是当年的人。他在心里默默地念叨着：
>
> 昔我往矣，杨柳依依。
>
> 今我来思，雨雪霏霏……

（屏幕滚动字幕逐行出示背景资料，淡淡音乐起，学生看着屏幕默读）

师：看完了这段资料，你能否将你此刻的感受读进诗里去？

（生读，声音明显地低沉、缓慢下来）

师：为什么读得这么深沉？

生：我觉得此时的这个老兵是非常悲伤的，他又累又渴，想起过去的情景，觉得好像做了一场梦一样。

师：每一次读都有读的理由，好。

（另一生读，声音是相同的忧伤，轻轻的）

师：你是怎么想的？

生：我也认为现在的他已不是当初的他，他苍老了许多，虽然是回家，但好像并不是准备团聚一样的。

师：隐隐中似有一种前路不可预料的担忧，你也确实读出了这样的感觉。

（另一生再读）

师：这首诗现在看来仿佛是一声叹息。是的，踏上归程，他心中一定是感慨万千。此时他站在过去和现在的时空交叉点上，他的所见所闻所思所想又是怎样的一番滋味呢？请同学们提笔替这位疲惫的归人说说心里话。

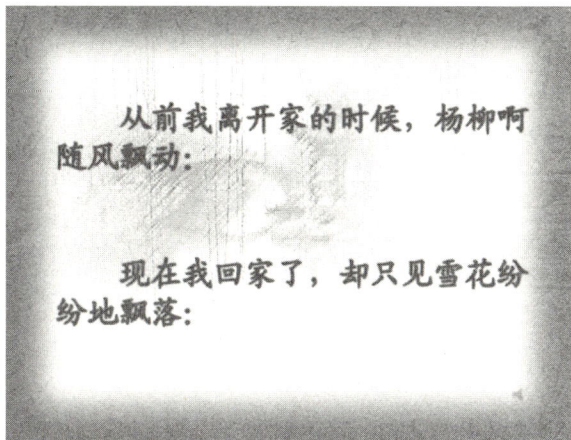

（屏幕出示写作提示语，背景音乐《三弄丝竹》专辑中的《雕琢回忆》，宁静忧伤，课堂写作时间大约5分钟，是这一首曲子的时间。期间，教师巡视同学写作情况）

师：随着这忧伤的琵琶曲渐行渐远的时候，我看到很多同学笔下流露着一份思绪，来，把你假托的所思所想分享交流一下。（相似雷同者不列举）

生1：从前我离开家的时候，杨柳啊随风飘动：当时我骑在马上，打算保家卫国，我的家人送我到村口，嘱咐我一路小心，没想到这一去竟然是十多年了。而现在我回家了，却只见雪花纷纷地飘落，我心中感到无比的忧伤，走了那么长的一段路，家就快看得见了，风雪吹进了我的眼睛，无论怎么样，我活着回来了。

师：虽然已在前方，可依旧是前路茫茫。他是多么盼望自己的家人此时能等在村口热切地盼望他的归来啊，但是，他又不敢多想。下一位同学继续。

生2：从前我离开家的时候，杨柳啊随风飘动：那一丝丝的杨柳是在送我踏上征程，路边的桃树开得正旺盛，我心中充满了希望。而现在我回家了，却只见雪花纷纷地飘落，其中的一片落在我的脸上，凉凉的，我却不感觉冷，走了那么长的路，何时才能到家啊！

师：好一片飞雪，好一片家乡的雪，只怕是人面不知何处去，物是人非事事休！写出了两种完全不同的心境。真好，谁再来分享你的想象？

生3：从前我离开家的时候，杨柳啊随风飘动；燕子也在空中低唱，百花齐放，我想着这一去是替国家出征，豪情壮志充满我的心胸。而现在我回家了，却只见雪花纷纷地飘落，当年的燕子早已南飞，花也凋零了。大地一片白茫茫的，我回头看去，只留下我的一串孤独的脚印，我看着前方风雪交加，心中满是伤悲。

师：我忍不住要为这位同学喝彩。他一定不知道《诗经》中有一种常见的手法叫作"比兴"，借物起兴，但在他的文字中已有些味道了。最可贵的是同样的燕子，不同的天空，同样的鲜花，不同的季节，就仿佛此刻同样的路，走的却是完全不同的人生。人生匆匆如过客，就在这一来一往间啊！

生4：从前我离开家的时候，杨柳啊随风飘动；你问我为什么要出发，我说我很快就会回来，也许那里也有家乡的柳树，来年春天，我们再团聚。而现在我回家了，却只见雪花纷纷地飘落，你悲伤的面容仿佛飞雪，我也早忘记了出发时的诺言，这些年，我一直盼望着早点回来，唉，战争啊，让我们相隔天涯……

师：仿佛自言自语，又好像在问苍天，十年生死两茫茫，或是无奈的惆怅，或是辛酸的重逢！此刻，在同学们笔下流淌的都是一份今昔错过的伤感，入情入境，真的走进了这位老兵的心扉。

师：可是这一切，在文中诗句中所呈现的并不是这样的句子啊，正如我们先前所读到的那样，这两句诗给人是多么美好的感觉。那又是为什么要以如此诗意的诗句来表达他如此悲伤的心情呢？

生略作沉思。

师：没事，静静地思考一下。

生：这样写更能突出作者此刻的伤心，回忆越美好，现在就越痛苦。

生：这是衬托。

师：高手。谁说你们这个年纪读不懂诗呢！用心体会就能感受得到。事实上，这就是这首诗之所以流传千古的秘密。书上称之为"以乐景衬哀情"，用强烈的反差来抒发作者的复杂感受。更多的味道就留给你们以后再来细细地体会。

现在再读这两句，又是一种怎样的味道啊！

（三人连读，较投入，基调失落、悲戚）

五、文化意象

师：同学们，这两句诗是《诗经》中公认最好的诗句，短短16个字，为后人称道，是整部《诗经》的压卷之作。在此之后，"折柳相送"成了中国历史上一个有名的风俗。知道人们为什么对"柳"情有独钟吗？

生：我在书上看到过，因为"柳"和"留"同音，人们希望走的朋友能留下来。

师：读书启人心智，果然如此。其实还因为柳随处可见，好种易活，折一根去远方，就等于是带上了家乡的风情。历代的诗人都将这一份离别的情怀寄托在柳枝上。请同学们和老师一起读一读这一代代文人笔下写在柳树上的忧伤吧！

（屏幕出示九句历代折柳相送的名句，师生共读，音乐仍然是那首曲子）

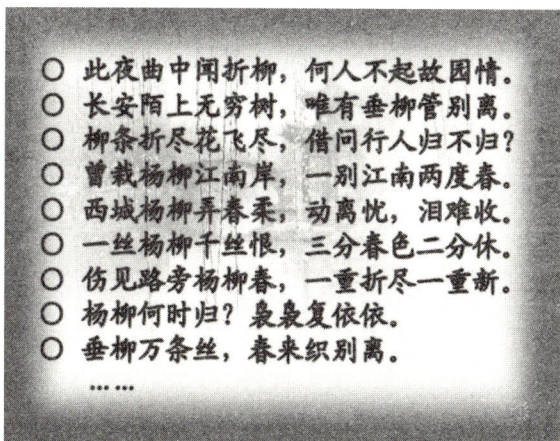

○ 此夜曲中闻折柳，何人不起故园情。
○ 长安陌上无穷树，唯有垂柳管别离。
○ 柳条折尽花飞尽，借问行人归不归？
○ 曾栽杨柳江南岸，一别江南两度春。
○ 西城杨柳弄春柔，动离忧，泪难收。
○ 一丝杨柳千丝恨，三分春色二分休。
○ 伤见路旁杨柳春，一重折尽一重新。
○ 杨柳何时归？袅袅复依依。
○ 垂柳万条丝，春来织别离。
　　…… ……

师：从这些诗句中，你读到了什么？

生：每一句都是离别，都很依依不舍。

生：那句"杨柳何时归？袅袅复依依"和"昔我往矣，杨柳依依"很相似。

师：是的，这些诗句都循着《采薇》开创的意境一路而来，它们的背后都有《采薇》的影子。但是，难道这些诗句中你读到的仅仅是悲伤和失望么？

生：我还读到一种期待，期待着团聚，还有一种，还有一种希望在里面。

师：是啊，是相逢的希望，是回家的欣喜。你们能将这份淡淡的希望读出来吗？

（屏幕回放原诗，指名3～4人读，他们的语调中多了一份明亮）

师：是啊，人生也许在所难免会分别，但不要忘记在心中存着祝福，相信前方总有一盏灯亮着，让你温暖着，照亮你回家泥泞的路。一起连读3遍，将这位风雪归人坚持着的信念读出来。

（学生齐读3遍，声音渐亮，明朗。由此，完成了学生朗读此诗的3次感悟性的转变：诗意的美好——浓郁的忧伤——淡淡的希望）

师：同学们，现在还觉得这16个字简单吗？

生：不简单。想不到背后还有这么多的故事。

师：这16个字承载了一部中国诗歌送别史，所有后来的诗人手上都拿着一根春秋的柳条，当朋友离去时，当亲人远离时，他们都用目光默默地相送着，在心里留着一份美好的祝愿和寄托。在战乱纷飞、生死离散的年代，这些诗句，是诉说人间真情的永恒见证。

师：最后一个道尽这离别忧伤，并使之家喻户晓的是近代的一位高僧，他的俗名叫李叔同。我来自李叔同的故乡，浙江平湖。在这节课的最后，我就把这首《送别》送给大家，长亭古道，天涯芳草，终须一别，再见。

（《送别》童声合唱响起，幻灯片出示送别词，下课）

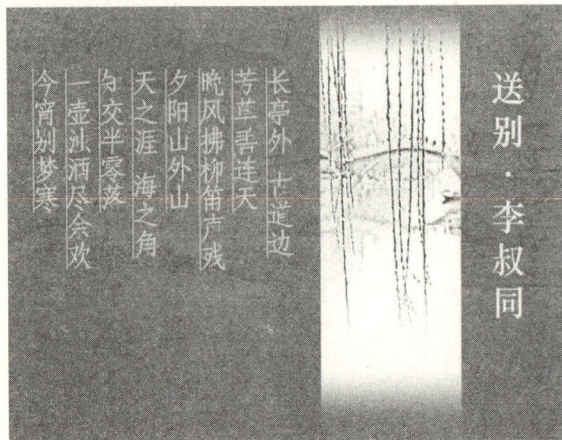

送别·李叔同

长亭外 古道边
芳草碧连天
晚风拂柳笛声残
夕阳山外山
天之涯 海之角
知交半零落
一壶浊酒尽余欢
今宵别梦寒

所见不见，是蝉非蝉

——《所见》课堂实录

第一部分：人教版一年级下册

一、初相见

师：小朋友，今天我们要学一首小诗。学之前，先来听一段声音。

（教师播放蝉鸣的音频。音乐素材：风潮唱片，吴金黛《森林狂想曲》阳明山蝉）

师：咦？这是什么虫子发出的声音？

生：蚊子。

师：这蚊子肯定很大！

生：我猜是知了。

生：我也认为是知了。

师：小朋友们见多识广！没错，这就是知了的叫声。

生：耶！

师：我们来看看知了长什么样子好不好？

生：好！

（教师播放幻灯片）

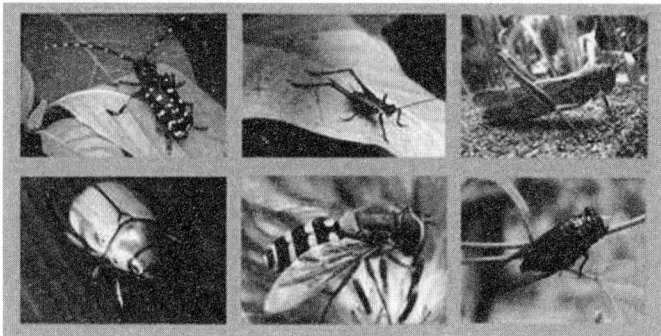

师：小朋友看，刚刚发出声音的是图片上的哪只昆虫呀？

（请一个小朋友上前指，指的是最后一个）

师：是那个黑乎乎的长得最难看的是不是？

生：对。

师：你见过知了么？

生：我在电视上看过类似的。

师：你在电视上见过知了，还能记得，很了不起！那今天就来学一首和知了有关的小诗《所见》。跟老师一起念课题。

（生齐读《所见》）

师：这个知了啊，还有一个大名，谁知道叫什么吗？

生：蝉！

师（幻灯片出示：蝉）：跟老师念——ch－an 蝉。

（四五个学生跟着老师拼读正音，之后全体一起读 3 遍）

师："蝉"这个字不是很好写，来，打开田字格，我们试着写一写。先注意仔细看老师怎么写。

（教师边范写边提示孩子结构、笔顺、占格等，之后学生模仿写，教师提醒写字姿势，巡视）

师：这个字以前是长什么样子的呢？谁能看图说一说？

（出示"蝉"字原型）

蝉
chán

生：那个虫子就是虫字旁，那个架子就是"单"。

生：一个架子搭了个树杈，树杈上停了三只蝉。

生：虫子身上还有很多点点。

师：同学们都发现了，蝉是爬在树上的小昆虫。

师：请大家打开书，翻到第 13 课。能不能看着拼音读一读呢？放开声音，试试好不好？

（学生自读课文）

师：我们请一个小朋友来读一读。你可以读一句、两句、三句、四句都可以哦。来，你请！

（学生尝试自己读诗，教师伺机正音，主要集中在"樾""意欲"等方言易混淆的字词上）

生：牧童——骑黄牛，歌声——振林樾……

师：咦，你为什么读着读着中间都有停顿呢？像在唱歌谣一样的，没有标点符号呀？

生：因为这是首小诗。

师：哦，原来如此，就是要读出小诗的节奏。好，其他同学来试试！

生：牧童骑黄牛，歌声振林樾。意欲捕鸣蝉，忽然闭口立。

（从正音到通顺，从通顺到流畅，从流畅到读出节奏，此环节大约 7 分钟）

师：都会读了，很好。那一天，那个小牧童骑在黄牛背上，他走啊走啊，也走到了一片小树林里面，这个时候，他听到了什么声音呢？

生：蝉的声音。

师：小诗中哪一句说有蝉的声音？

生：意欲捕鸣蝉。我觉得这应该是知了在叫的那一句。

师：你能读给大家听吗？

生：意欲捕鸣蝉，忽然闭口立。

师：好，知了叫的声音响不响？

生：响！

师：哪个小朋友能像知了一样声音响亮地来读一读？

生：牧童骑黄牛，歌声振林樾。

师：这是一只小知了。声音特别的温柔。

生：牧童骑黄牛，歌声振林樾。

师：我怎么听起来像"明月"？

生：牧童骑黄牛，歌声振林樾。

师：这回真"明月"了，你把明月给震下来了。（笑）小朋友，跟我读"林樾"，树林子看到了吗？明月要到晚上才升起来。小牧童都回家了，是吧？你再来读一下好吗？

生：牧童骑黄牛，歌声振林樾。

师：嗯，对了，"林樾"。真是一只响亮的小知了。来，小知了们，一起响亮朗读，要让树林子外面的小牧童很远就能听见。

（生齐读）

二、再相识

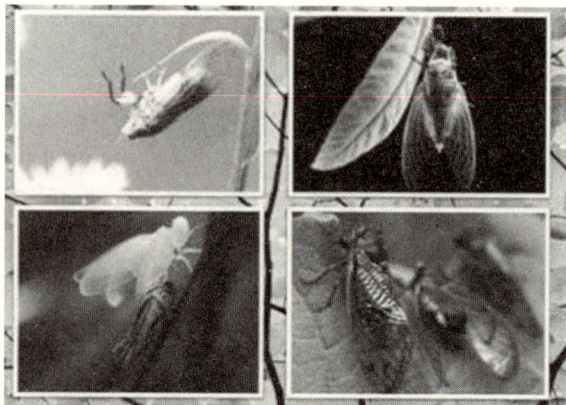

师：小牧童听到蝉叫得很响亮，他慢慢靠近树林子一看，咦，他看见了什么呢？

生：蝉在叫。

生：它可能在吃一种树上的叶子。

生：我知道它躲在阴凉处玩。

生：我看见知了在脱壳。

师：啊，这个都被你看到了，原来它是长什么颜色的？

生：黑色。

师：蜕壳以后又长什么颜色了？

生：金色。

师：是呀，真漂亮的蝉。还看见了什么呀？

生：知了在比赛跑步？

师：哪一个跑得比较快？

生：第一只。

师：嗯，第一只比较大，所以它跑得比较快。

生：我想说第一幅画，它在缠着树叶子玩。

生：我也是说第一幅，不过我和他们的想法不一样。第一幅绿色的在产卵。

师：你看得真仔细，产卵都被你看见了。（笑）

生：我要说第三幅，第三幅那只黄色的知了看起来在爬山。

师：是爬山上的某棵树上的叶子，是吧？

生：第四幅画，我觉得它们在吃饭。

师：看看蝉的世界多么有意思啊！看了以后，小朋友有什么想问的吗？

生：我想问第四幅图，小知了的眼睛是红的，它们是不是在生气呀？

师：我觉得是的。你跑得比我还快，我就有点生气了。和人一样，生气的时候眼睛都红了，是吧？

生：最后一幅图那个知了它为什么要倒着爬？它要起飞了吗？

师：它在练后空翻。（笑）

生：它也在练习倒立。

师：对，那是一种基本功，它在树上什么都要会啊，要飞，要倒立，要赛跑，要游戏，要吃饭，对不对？还有问题吗？

生：我想问金色的知了是怎么来的？

师：好问题，有谁知道吗？

生：我知道，因为它以前是黑色，脱了壳就变成金黄色了。

师：见多识广！真棒！我们就来看一下这个小知了是怎么把衣服脱掉，变成金黄色的，好不好？

生：好！

（播放蝉的一生视频）

师：看完了，小朋友们想说什么吗？

生：看了这个片段之后，我觉得有些疑问，就是知了不是死了一大堆吗？它们怎么又复活，又产卵了呢？

师：它们是产完卵后死去的。

生：它们奋力地钻出来，让自己有一件新的漂亮的衣服。

生：我觉得最后一幅，知了眼睛微红的那一幅，知了应该老了吧。

师：对，那个时候它已经被风吹得很硬了。小朋友，当小牧童走进一看，如果他看到的也是这一幅幅动人的场景，他还会不会去捉那个小知了呀？

生：不会，不会。

生：不会，因为他觉得知了很可怜，就不会去捉它。

师：嗯，知了好不容易从地底下钻出来，蝉最多可以在地下生活 17 年，所以我们就不捉它了。所以他就站在边上静静地看着。你能读一读吗？

生：意欲捕鸣蝉，忽然闭口立。

师：嗯，你这样轻轻地读，就不会打扰知了了。

生：因为小知了也是一个生命，要是我毁掉它，它的后代也没了，就等于损失了上千万个生命。

师：你说得真好！伤害一个就等于伤害了它的后辈。你不会伤害，对吗？你能读一读吗？

生：意欲捕鸣蝉，忽然闭口立。

师：你为什么这么轻轻地读呢？

生：因为我怕如果读得大声的话，小知了会被吓走。

生：我也不会伤害知了，因为知了要活泼地飞。

师：对，知了也是好不容易拥有一次生命，我们就让它每天继续飞，继续唱。我们一起来轻轻地读一读，让小知了和我们做朋友。

生：意欲捕鸣蝉，忽然闭口立。

师：我们请小朋友把整首小诗连起来读一读，把小牧童的前后两种心情读出来。

（生齐读）

三、不相见

师：就像小牧童一样，我们也在树上找找小知了，好吗？看你找到的是哪只可爱的小知了。

（此部分为一个超链接幻灯片，内容为如下）

（1）蝉的诗

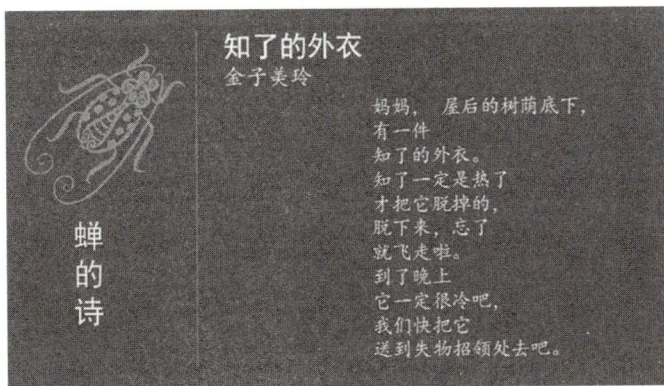

（2）蝉的画

（3）蝉的歌

（4）蝉的工艺

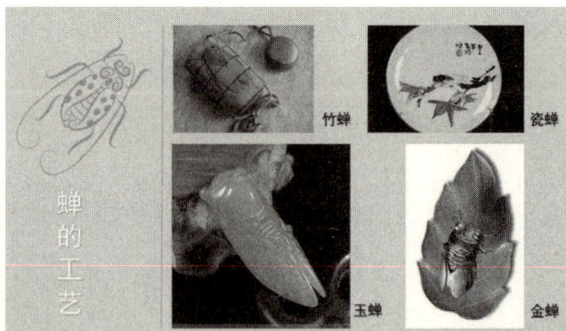

（5）蝉的成语

（教师让孩子点击其中任意一个链接，根据内容安排教学方式，诗歌为朗读，歌曲为聆听，画为让孩子解说，成语为朗读，工艺品是让孩子说说家里及生活中见过的东西。全过程让孩子了解蝉深入到了生活的各个方面，趣味性强）

蝉的成语

貂蝉满座
寒蝉凄切
金蝉蜕壳
蝉翼为重，千钧为轻
螳螂捕蝉，黄雀在后

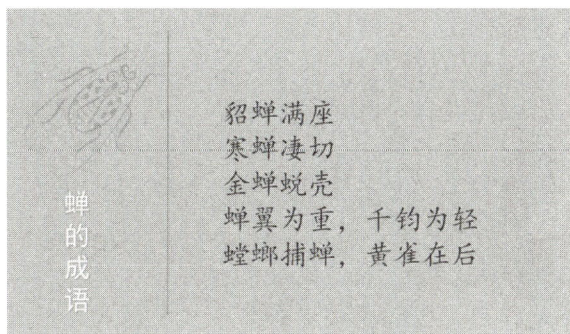

师：小朋友们，人们多么喜欢蝉啊，我想小牧童也肯定像我们一样喜欢知了。那我们带着喜欢，和刚才的小牧童一起，再来读读这首小诗。

生：所见，牧童骑黄牛，歌声振林樾。意欲捕鸣蝉，忽然闭口立。

师：牧童骑黄牛，歌声振林樾，意欲捕鸣蝉，忽然闭口立。（播放树叶视频）小朋友，那一天下午，当那个小牧童再一次听到蝉声，抬头看的时候,他看到了什么？

（学生看着摇晃的树叶，一时有些沉默）

师：你看见蝉了吗？

生：我没看见蝉，只看见了树叶子。

师：我要问问这个小朋友，你说你唱歌那么好听，翅膀又漂亮，为什么要躲在树叶子里唱歌呢？

生：因为它喜欢在树叶上唱歌。

生：因为它不喜欢被人看见。

生：因为它怕别人看见了要捉它。

师：如果你是这只小蝉，你打算出来唱歌，还是躲起来？

生：躲起来。

师：为什么呀？

生：因为我不想让大家都认识我。

生：我也想躲起来，因为蝉想在叶子下避暑，因为有阳光。

师：它怕阳光吗？

生：它不怕阳光，它喜欢阳光。

师：是啊，它喜欢在夏天的阳光下歌唱。为了这美好的歌唱，它要在地底下等 17 年。（播放幻灯片）它要等待整整 17 年，才能换来一个夏天的歌唱。所以，我们就让它安静地在树林里唱，好不好？（放音乐）来，一起诵读这首小诗，记住这只小小的蝉吧！

（生单人、多人反复配乐读）

师：让这只蝉，让一树的蝉就在树上唱吧！让它们为了好不容易到来的一个夏天尽情地歌唱，我们不要去打扰它，就像那小牧童一样，忽然闭口立，安安静静地看就行了。

生（齐读）：牧童骑黄牛，歌声振林樾。意欲捕鸣蝉，忽然闭口立。

师：好，你今年几岁？

生：7 岁。

师：等下一次再见到这只蝉的时候，你就已经 24 岁了。那我们 24 岁再见吧！小朋友再见！

第二部分：苏教版五年级上册

一

师：今天我们来探索一只小昆虫的奥秘。在上课之前，我们来猜一个谜语：

天热爬上树梢，总爱大喊大叫。明明啥也不懂，偏说知道知道。

假圣人在树上爬，啥也不知喜自夸。知道知道假知道，腹无滴墨被秋杀。

师：是什么？

生：蝉。

师：很容易的谜语，但是这两个谜面概括了人们对蝉怎样的印象？

生：它什么都不知道，装知道。

生：我觉得这两个谜面的特点是都描述了蝉在树上叫，自己夸自己。

生：蝉是在夏天生活、秋天死去的，生命很短暂。

师：看起来我们都不是很喜欢这种自夸的小昆虫。你呢？

生：不喜欢，因为它们的叫声太烦了。

师：大家都提前看过法布尔的《昆虫记》，我们知道，它们为什么叫得那么起劲？

生：因为它们在地下至少待了4年，用4年的黑暗等待换来了一个夏天的歌唱。它从发生膜牵拉所发出声音，通过一个特殊的器官，尽情地放大。

师：可见你读书很用心，其实还有一个特点。

生：蝉自己是聋子，听不见，所以他干脆叫得响一点，让人们都听见。

师：有意思。蝉虽然不招人待见，却是大名鼎鼎。北京叫"知了猴"，山东叫"姐溜龟"，江苏叫"爬拉猴"，湖南叫"艳阳吱吱"，你们这边的俗语是怎么叫蝉的？

生：蛐蛐。

师：蛐蛐？那是另外一种会发声的昆虫。你去看看法布尔的《昆虫记》，那里有蛐蛐的。

生：我觉得应该叫"黑老哇哇"。

师：叫"黑老哇哇"，真有意思，你知道我们古代的中国人怎么称呼蝉吗？

（出示幻灯片）

师：自己读一读，保证你都没听过。

185

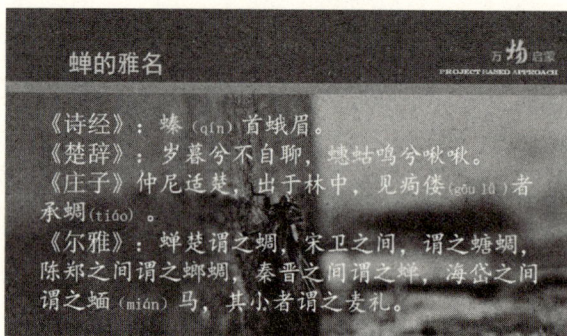

蝉的雅名

《诗经》：螓 (qín) 首蛾眉。
《楚辞》：岁暮兮不自聊，蟪蛄鸣兮啾啾。
《庄子》仲尼适楚，出于林中，见痀偻 (gōu lǚ) 者承蜩 (tiáo)。
《尔雅》：蝉楚谓之蜩，宋卫之间，谓之螗蜩，陈郑之间谓之螂蜩，秦晋之间谓之蝉，海岱之间谓之蝒 (mián) 马，其小者谓之麦㮚。

（学生试读）

师：有没有什么问题想问的？

生：我想问一下，这个"蝒马""麦㮚"是什么意思呢？

师：我也不知道，所以我不能说知道。我记得我小时候老家就叫一种蝉为"麦㮚"。

生：为什么呢？

师：我回去问一下我妈好不好？（笑）我妈肯定也会说"我去问一下我妈"。因为我们从古至今传下来就一直是这么叫的——麦㮚，估计至少有几千年了吧。为了探索这个深奥的问题，我们一起来回顾小时候就学过的一首蝉的小诗。

生：我记得：牧童骑黄牛，歌声振林樾。意欲捕鸣蝉，忽然闭口立。

师：记性真好。小诗在讲什么？

生：它讲的是牧童骑着黄牛，听见蝉的声音从树林子里传来，然后牧童突然想捕蝉，蝉发觉后，马上不叫了。

生：我认为是他忽然把蝉捉住了，蝉于是就不叫了。

生：我觉得后面应该不是蝉闭口了，而是小牧童不说话了，因为牧童想捕到蝉。

师：你们俩很有意思，有多种解释。看来这一年级的小诗还是值得研究的，关键问题在最后两句上。蝉可是聋子，牧童的声音它听不见。

生：它是靠眼睛看见牧童的，法布尔书上写着蝉有5只眼睛。

师：你看，读书仔细的同学就是厉害。你们还有什么想问的？

生：就是我想问一下"林樾"的那个"樾"字是什么意思？

师：树梢。继续问。

生：为什么题目要叫《所见》呢？这个诗跟题目似乎没有关联。

师：好问题！小诗应该叫《蝉》，对吗？这个奇怪的名字，到底是看见了蝉，还是看见了牧童捉蝉，还是所见其他呢？你们提的问题是对这首一年级小诗重新追问，袁枚的这首小诗，也成了谜面。今天这节课，我们就试图来破解它。

师：大家的作业预习单我都看了，我们来交流一个问题，在法布尔的《昆虫记》这本书中，关于蝉，你感到最为惊奇的是什么？

生：我觉得是蝉居然有 5 只眼睛。

生：蝉为了唱歌，居然把自己的生命器官挤压到最小的角落里。

生：我最惊叹的是蝉的家非常坚固。

生：我最惊叹的是蝉居然在地底下生活 4 年。

师：这是法布尔当时研究的最小的一个数据，现在人们已经知道了，蝉在地底下生活的是 3 年，5 年，7 年，9 年，11 年，13 年，15 年，17 年。南美洲的蝉最长在地底下要待 17 年。至于蝉总会在质数年出来，至今也是个谜。

生：让我惊叹的是因为我以前读过拉封·丹的一个寓言，蝉夏天不搬运食物，而蚂蚁经常在辛勤地劳动，搬运食物，后来蝉去找蚂蚁要食物，蚂蚁不给它。现在我知道了真正的辛勤者是蝉，而不是蚂蚁。

师：你最了不起的地方就在于你扭转了很多寓言给我们的一种固定的昆虫形象。

生：最让我惊叹的是蝉在地底下待那么多年，它出来只有一个月的生命，我觉得它不去做那些我们看来很有意义的事，就一直在唱歌。我感受到它出来后觉得最有意义的事就是一刻不停地唱歌。

师：很独到，这就是它此生最大的价值，歌唱阳光。

生：我最惊讶的是蝉的母亲，它在产卵的时候有一个"ruì"，跟在它的后面，当它产一个卵的时候，那个"ruì"就把它破坏掉，但是蝉的母亲竟不为所动，就在那里旁观。直到那个"ruì"走了后，它再产卵，我觉得这个东西让我很惊讶。

师：你的两次回答都让我刮目相看。我当时读到这一段的时候也在想蝉怎么就那么傻呢？产一个卵被吃掉一个。这位母亲不是没发现，5 只复眼也是足够让它发现的。很奇怪，它就是不赶它，继续地产卵。所以自然界的生命传代是非常神秘的。这个勤勉的蝉究竟是为什么而活着呢？你能把这段文字读一下吗？

（生读）

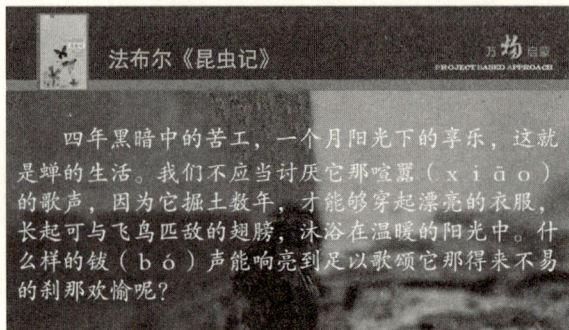

二

师：可是，我们很好奇的是，即使我们已经发现了蝉的如此多的秘密，可能还是无法解答袁枚小诗中的疑问，西方昆虫学家的研究似乎解决不了东方诗人的"蝉"意。我这里有一张新的项目学习单，同学们可以任选其中的一个项目研究批注，随时可以跟周围的同学轻声讨论，开始。

万物启蒙"蝉"项目进阶学习——中国蝉文化

【捕蝉习俗】

仲尼适楚，出于林中，见痀偻（gōulǚ）者承蜩（tiáo），犹掇（duō）之也。仲尼曰："子巧乎！有道邪？"曰："我有道也。五六月累丸二而不坠，则失者锱铢（zīzhū）；累三而不坠，则失者十一；累五而不坠，犹掇之也。吾处身也，若厥（jué）株拘（gōu）；吾执臂也，若槁（gǎo）木之枝；虽天地之大，万物之多，而唯蜩翼之知。吾不反不侧，不以万物易蜩之翼，何为而不得！"

孔子顾谓弟子曰："用志不分，乃凝于神，其痀偻丈人之谓乎！"

——庄子《达生》

【食蝉习俗】

捉了蝉的幼虫，回家用盐水泡起来，可以煎着吃。

我小的时候，是把捉来的蝉用盐腌了之后，油煎了吃。当然，因为食油金贵，也有用火烧了吃的。

——孙犁《昆虫的故事》

【药用价值】

蝉感秋气而生，应月周而去，禀金水之气化也。金能制风，水能清热，故主治小儿惊痫。

昼鸣夜息，故止小儿夜啼。水火不交，则癫病寒热。蝉禀金水之精，能启下焦之水气，上合心包，故治癫病寒热。

——《本草纲目》

【君子佩蝉】

蝉的最早形象始见于公元前2000年的商代青铜器上；自周朝后期到汉代，古人常把蝉的形象雕于玉件，取其蝉与禅之谐音，意为禅心已定。

死者含蝉

从商代到西汉墓葬中都有发现，死者嘴里所含的都是玉蝉。你知道为什么吗？

【蝉的诗歌】

蝉蜕于浊秽，
浮游尘埃之外，
不获世之滋垢。

——汉 司马迁《史记》

垂緌饮清露，
流响出疏桐。
居高声自远，
非是藉秋风。

——唐 虞世南《蝉》

西陆蝉声唱，南冠客思深。
不堪玄鬓影，来对白头吟。
露重飞难进，风多响易沉。

无人信高洁，谁为表予心？
——唐　骆宾王《在狱咏蝉》

（学生自主学习大约5分钟）

师：现在根据大家自行学习的项目板块，进行自由交流。

生：我想说"蝉的功用"。我小时候，有一次从书上看见一种吃蝉的方法，就是把蝉煎后裹上一层巧克力酱，看着很好吃。

师：呃……你吃过吗？

生：没吃过，我只是看到过。

师：你想吃吗？

生：看着很想吃。蝉的身体里含很多蛋白质。

师：和很多营养学家一样。哦，那个牧童说不定也想吃它。白洋淀作家孙犁写过童年蝉的各种吃法，请个同学来读一读，和刚才那位提出巧克力酱蝉的同学比一比。

（生读）

师：吃过蝉的同学请举手。

生：蝉炸了之后皮很脆，里面就很嫩。

生：我吃过的蝉是外酥里嫩。

师：外酥里嫩，听起来像烤鸭一样。看来大家对吃蝉不反感。

生：我觉得这个蝉太可怜了，它在地下待了整整4年，好不容易自己长大了，可以爬上树蜕皮了以后，多年忍下辛苦与孤独，它的理想就要在这一刻实现了，它能张开翅膀飞向天空唱出欢快的歌声。那它在地下的4年就没有白待，但是就在这个时候，它被人们抓去结束了自己一生的生命。

师：当你看了法布尔的《昆虫记》后，你还会吃蝉吗？

生：我绝对不会。

师：问题就是，中国人吃蝉可能是没有读过法布尔的《昆虫记》。让人很好奇的一点是，难道中国人就不知道蝉的这些生理特点吗？

生：我觉得他们应该知道，但有些人就是好奇，就是想尝一尝那些味道。

生：我觉得不知道，因为中国人不会像法布尔为了研究，每天和蝉住在一起。而中国人最多看个大概，抒发一下心情就走了。

师：了不起，你说到了两个民族的巨大区别。那是不是就说中国人对蝉仅止于浪漫的想象？

生：我觉得不是的。蝉的壳，被中国人当作中药，这说明中国人是知道蝉的一些生理习性，才能拿它来入药的。

师：以资料为证据来辩驳，值得提倡。你来读一读这段话。

（生读）

师：人们是怎么知道这个壳可以治小儿夜啼的呢？

生：因为人们发现蝉是昼鸣夜息的。

师：刚才我们聊到了一个当作食物吃，一个当作药，而且历史悠久。是不是也因为如此，牧童才要去抓呢？

生：我觉得牧童可能是把蝉当药或烤来吃。

师：可能牧童在一刹那想到了这一点，但做了没有？

生：没有。

师：来，继续，还有没有理由？

生：我觉得应该是牧童看到蝉这么努力地唱歌，所以他就看呆了，所以就没捉。

师：这个是我们刚才讨论过的，不重复。

生：我觉得可以从"死者含蝉"这个习俗来推测。"禅与蝉是谐音，意为禅心已定"这句话告诉我们，前面的那个禅，讲的是佛法。古人觉得信佛不杀生，生命是非常神圣的，我想小牧童想到这里就不会去捉了。

师：因为谐音对蝉产生了一种敬畏感。那为什么在商朝出土的逝去的人口中会含着那只玉蝉呢？为什么不含玉蜜蜂或是玉螳螂呢？

生：人们希望含着蝉，死了以后可以活过来。

师：你根据什么来推断的？

生：那个蝉不是要在地下生活几年的嘛，那个人死了后埋葬的时候也是在土下的啊，这样在土下生活几年后，希望他也能像蝉一样复活，并且脱壳飞翔。

师：很好，这就是有材料的推论。根据西方法布尔的书来推断中国人含蝉的道理是一像生者一样可以吃，二可以像蝉的周期一样死而复生，太好了！这样的推断能够证明中国人不了解蝉吗？

生：非常了解。

师：除这两个特点之外，蝉是吃什么的呢？

生：树汁或者露水。

生：我猜测一下那个牧童想当个顶天立地的君子，在古代君子配蝉嘛。

师：你说到的君子品格，是在哪里发现的？

生：《在狱咏蝉》中的最后一句：无人信高洁，谁为表予心？

师：那时的骆宾王是在监狱中，为什么他会通过一只蝉来表达他内心的想法呢？因为他是被冤枉的。

生：他觉得自己像蝉一样高洁，不贪污，不吸民脂民膏，干干净净。

师：他是想到了蝉的什么特点自比的呢？

生：蝉在地底下待了几年嘛，破壳而出。我觉得骆宾王也是，蝉还没破壳的时候就像他还在牢里，蝉破壳出来的时候，就等于他总有重见天日的那天。

师：与众不同的想法！一是高洁的，二是摆脱壳的束缚，自由地飞翔。

生：我觉得因为蝉十分善良，蚂蚁咬它它也不会去伤害蚂蚁，说明诗人也像蝉那样不会以牙还牙。

师：我坚持我的品格。别人的偷窃，跟我没有关系。回到最初的话题：为什么中国人眼中的蝉不同于西方？

生：我们的国家就有这样一种习惯，喜欢听古人说的一些并信以为真，自己不去研究一下到底是不是真的。

师：约定俗成最安全，有道理。

生：第一个问题，中国有那么多蝉的诗，古人把蝉当作是高高在上的东西，像佛一样膜拜。如果他们去研究这个蝉的话，要切割它的身体，就等于侵犯了这个神圣的昆虫。还有第二个问题，为什么西方有法布尔的科学研究蝉，西方都是英文啊，英语适合做科学研究。我还有一个问题，之前说中国人喜欢听古人的话，那之前的古人是怎么知道的呢？总有第一个去仔细研究啊。

师：我觉得你很有科学精神，追根问底，这是一个很好的习惯。

生：是不是英文没有办法写诗？

师：你的话题很有价值，我很想跟你聊这个话题，但是我们课堂时间有限。但我可以告诉你，英文也有很多的诗。

生：是不是因为英文不押韵啊？

师：哈，你真了不起！关于这个同学的问题，涉及了两种文字的特点，什么样的文字会形成什么样的文化，但这不是我们今天要讨论的，你的想法很有深度。我们给这位同学掌声。

生：我想说法布尔和中国的诗人不一样，法布尔是想研究一下那个蝉，了解特点，而中国的诗人就想赞美它的品德，并不想真的去研究它，去了解它。

师：你说得太好了。在赞美之前，我们应该把一样东西弄明白再说，是不是？但毫无疑问，中国感性的蝉和西方理性的蝉都是我们所需要的。今天，你们让法布尔和中国诗人走到了一起，相互印证。那么，你想做一只中国的蝉还是西方的蝉？

生：我想做一只西方的蝉，自由自在，在大自然中生活，我也不要有人赞美我，更不想被研究。

生：我想做一只中国的蝉，毕竟我被人歌颂，被人看作高洁的精神，而不仅仅是个不起眼的昆虫。

师：有选择本身比答案更重要。做自己，你们都很棒。那么，牧童为什么忽然不捉蝉了呢？

生：因为牧童也想成为一只蝉，在树林间自由歌唱。

师：我这里有首诗，在课的尾声，我们一起来读一首小诗。

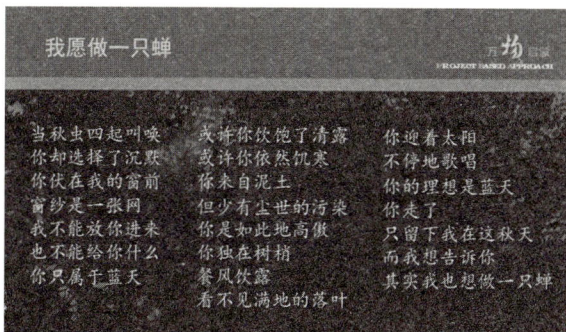

师：愿你们都能成为一只中国的清蝉，下课。

大唐、少年、游侠

——《少年行》课堂实录

一、咸阳游侠多少年：你更喜欢哪一个少年

生1：我最喜欢"孰知不向边庭苦，纵死犹闻侠骨香"这一首（王维《少年行》其二），我觉得为国家出力是一件非常棒的事情。要是我当年也可以上战场，我死了，战死，为国捐躯，那我也没有遗憾。

师：你还是可以有点遗憾，这节课还没上完（众笑）……我看你每天也是想着兵器啊兵法经典啊，说不定以后能开这么一门课吧。当时的少年确实也是像你这么想的，为大唐帝国建功立业，死而后已。你呢，喜欢哪一段？

生2：我也很喜欢这一段，因为我爸爸就是当兵的，我特别欣赏我爸爸的气质。因为我爸爸以前当兵时特别苦，特别忍，然后我就觉得他不顾自己的生命，为了保护自己的国家，不怕危险，为了保护别人而变得特别勇敢，我觉得我应该向他学习。

师：我觉得其实你爸爸更想培养你成为一个少年，而不是少女。（众笑）从这个角度理解，巾帼不让须眉，也很不错。你别看谢凤玲（音），她这么柔弱的小身板实际上是非常强大的，她心中有这样的勇气和志向，很厉害。

生3：我觉得我更喜欢第一个少年（"纷纷射杀五单于"，参见王维《少年行》其三）。因为他在战场上，一箭就把好几个单于杀掉了。他特别威风，其他两个我感觉都没有他那样的大将气概……

师：对，可能只是会喝喝酒啊，想着要去上战场。（参见《少年行》其四）

生3：对！然后还有一点我觉得他们都有点不得志。

师：啊，郁郁不得志，所以碰见了就一起喝一杯去吧。你有自己的想法，很好。大唐的少年确实有一些也沉浸在酒肆中间，也是纨绔子弟，穿戴得侠客模样，其实多半时候还是在那儿游山玩水咧。你说。

生4：我喜欢第二首（即其四），我觉得这不像她刚才说的那样是不得志。我觉得他是洒脱。大家投缘就进去喝酒，意气风发、豪情万丈，让我崇拜。

师：哦，你向往这种风格。我有时也是这样觉得，作为一个独行侠，独来独往多少有点孤单，有一个朋友如果能够一起行侠仗义、闯荡江湖，那是一件很意气风发的事情，对不对？你们都有自己的想法，很不错。下面我们来看几个作业，昨天的作业还是挺好的。

少年行 唐·王维

新丰美酒斗十千，
咸阳游侠多少年。
相逢意气为君饮，
系马高楼垂柳边。

二、纵死侠骨香：为何唐朝如此多"少年"

（注：这个部分前面从讨论学生作业入手，引导学生说出了王维诗中少年游侠的共同点：豪迈、勇敢、英武、行侠仗义。此处从略）

师：对，侠义，没错，就是侠义。在唐朝这个时代，像这样的《少年行》，你们知道有多少首诗吗？

大唐游侠

生：不知道。

师：不是只有王维写的那几首。李白写过，王昌龄写过，杜甫写过，杜牧也写过，好多诗人都写过。大约在唐朝诗中，以"少年行"为题目的有几百首之多，知名的也有几十首。（众生惊叹）王维一个人就写了很多，这都是王维年轻时写的诗。但很有意思的是，在后来的时代中，我就很少看到有人写这个题材的诗歌了。宋朝的柳永写过，苏轼也写过，但相比之前就少了很多。在唐朝之前，也有人写过类似的，但不叫《少年行》。所以，怎么会在唐朝出现了一堆的少年游侠呢？这是很有意思的。大家知道唐朝吗？

生：知道。

唐朝（618年—907年），中国历史上强盛的大一统帝国，历经289年，共21位皇帝方汉人王朝版图最大的时期，深刻影响中国文化发展。

师：同学们随便说说，你印象中的唐朝，是一个怎样的王朝？你来。

生1：很强的帝国，可以称霸世界，各方面成就很高。除了武则天之外，皇帝都姓李，唐朝是李家天下。然后《道德经》就是老子写的，又名李耳，然后李时珍，不对！说错了。然后大唐第一个皇帝也是姓李嘛，所以他们都是李家的，然后大唐皇帝就以道家为主张。

师：那位皇帝是李渊，唐朝开国皇帝，后来他的儿子叫李世民，不是李时珍，你就是想说这个是不是？（众生笑）李时珍是明朝的医学家，没做过皇帝。你想说唐朝信奉的是道教文化，是不是？

生1：对，所以他们就是啥都不管，老百姓也很自由，然后国家非常强盛。

师：哈哈，这个很有意思。《道德经》就是说什么都不管，然后老百姓很自由，国家就强盛了？这样解释也对也不对，有点无为治国的意思。今天我们晨诵《道德经》正好读到的那句话是什么？

生：其政闷闷，其民淳淳。其政察察，其民缺缺。

师：对的，唐朝它有没有那种"其政察察"？设立一大堆的政令律法让你去遵守，结果老百姓都不知道该干什么了。唐朝是中国历史上（生：最强的！）最强大的一个王朝，也是一个不修长城的王朝。中国人从秦始皇开始一直修到了明朝，但很有意思的是，最强盛的唐朝却是例外，不修长城。这个是为什么呢？

生2：没有敌人？

师：它也有北方的匈奴、室韦的侵扰啊。张超（音），你说。

生：嗯，因为它觉得自己那么强盛，不用花钱修长城，它自己防卫就够了。

师：一个强盛的王朝它需不需要围墙来保护自己的国家？

生：不需要。

师：那个时候不但不需要防卫，是"万国来朝"，是不是？当时我们周边的一些小国啊，是每年来朝贡的，每年都要来和我们结交的。当时在世界上，同时期的还有阿拉伯帝国，世界上最强盛的两个王朝之一。人家巴不得来，就像现在的美国一样，各个国家都来建交。

生3：其实我觉得也没必要建，从来都没必要，一建长城又要死很多人，对皇帝而言是国家的防御工程，但却让百姓民不聊生。

师：不修长城的王朝是一个怎样的王朝？如果你用一个词来形容这个王朝，你觉得哪一个词比较好？

生：民主。

师：民主？

生：开放。

师："开放"更适合些，这是一个开放的王朝。我们眼中的唐朝，一定有很多丰富的印象，谁说说看？

生4：其实我觉得在唐朝，老百姓也有出名的机会。比如李白当初也是一个平凡人，后来他有机会做了官，因为他自己有兴趣想试试。

师：对，李白年轻时就是少年游侠，由于他结交了很多朋友，于是被别人推荐就有了做官的机会。只不过做着做着，他生性洒脱惯了，不希望像御用文人似的给你唱诗做文章，"使我不得开心颜"，就又游山玩水去了。

生5：老师我觉得，唐朝的时候除了唐太宗李世民和唐玄宗李隆基时强盛一点儿，其他时候其实也……很乱的，李隆基之后那几十个皇帝好像就啊都不管了。

师：对，唐朝总的来说，的确是只有两个时代特别强盛。一个是开国，李世民的"贞观之治"，再一个就是唐玄宗时的"开元盛世"。后来，尤其"安史之乱"以后，就开始走下坡路了。那么我们的诗人王维呢，正好处在"安史之乱"前后阶段。他的《少年行》都写于安史之乱之前。"安史之乱"之后呢，他投靠了一个组织，却因此被抓，抓了之后差点杀头，结果他的弟弟以他的官职来给他保了一条命，但是经历过这些事以后，他的想法就不一样了。当年的少年意气、为国捐躯的情怀，这个"为国"，是哪一个"国"呢？因为换一个主子，马上又会有另一个天下，他觉得风险很大，于是跑到陕西辋川买了土地，造了个别墅，养老去了。所以晚年的王维，有一句诗是："晚年惟好静，万事不关心。"跟《少年行》这些处在唐朝最强盛时代的意气风发的诗歌完全不同。

三、人无再少年：从《少年行》到《少年游》

师：（接上）从这组诗歌，最后我们要走进的是王维的另一首诗，来完整看看他的少年时代，那一个少年唐朝是什么样子。这首诗是《少年游》。我们先试着来读一读。（学生读诗，略）

师：有没有不认识的字？哪一个？

少年游 唐 王

……少年游，跨我青骢马，
……江湖行，白首为功名。
……吃白骨渡流沙，酒酣闹市斩人头。
也曾无计魂魄施妙手，也曾千金买醉入青楼，
也曾打马垂杨踏长路，也曾簪花画眉佳人首，
风云聚散终需去，故人江海借长帆，
别时方恨相知短，持手才觉青衫寒。
折不完霸桥长亭三春柳，
放不下西风阳关一杯酒。
唉，休休，明日黄花蝶也愁。
纵使簪花同醉酒，
终不似，少年游。

生1：就是"酒"后面，砍头那儿（"酒酣闹市斩人头"）……

师：这个字读"hān"，跟我念"酒酣闹市斩人头"。（生跟读）

生2：那个是什么花？

师："那个是"zān"（"也曾簪花画眉佳人首"），簪花知道是什么吗？

就是古代女子做发型插在头上的装饰。"簪花"出现了两次，你们发现没有？一起念："也曾簪花画眉佳人首"（生跟读），"纵使簪花同醉酒"（生跟读）。

谁也不知道她曾经看到过多么美丽的东西，她曾经多么幸福,跟着她奶奶一起走向新年的幸福中去。

生3："灞桥"是不是读"bà"音？

师：是的，唐朝有个地方叫灞陵，在现在的西安城外，那地方古时候种着许多柳树，那时候的人送别就送到城外灞陵，然后折一枝柳条，就西出阳关了，后来就有说法是"灞桥相送"。诗中的"阳关"也是一个地方，在现在的甘肃，唐朝的一个关隘，一旦出阳关，那边就是西域了，是匈奴控制的。

师：大家读通了没有？好，现在我们单独起来读一下，读几句都可以，把字读正确，读通读顺。先请一个小组试试。黄书凡（音），你这个小组来试一下。

（学生自由读）

师：听完读的这一遍之后，你们有什么感觉？

生1：感觉不像平常那些诗，也不像词。像说话，就像他跟朋友倾诉的一段话。

师：感觉很准确，有点像我们学过的哪一首？

生：李白的《将进酒》。

师：对，唐朝很多诗人写诗很自由，可想而知，写这样一种诗的时候他有没有受到当时格律诗写作规范的干扰呢？

生：没有。

师：我们再读一读，想一下，在那个时代，王维少年时期都在干什么？

你又看到了一个怎样的少年？跟前面的三首诗相比，有何不一样？来，放开声音再读一遍。

（学生自读）

师：来，开始交流。

生2：第四句"也曾无计落魄施妙手，也曾千金买醉入青楼"，就是我感觉他年轻时也并不是我们想象的那么高尚，也是那种关键时候挺狡猾的人。玩心很大，又被人陷害，落到一些坏人手里……

师：前面那句说得非常好。"无计落魄施妙手"就是说为了生存也会不择手段，这就是那个时候的少年。关于"买醉入青楼"，你们应该也听说过吧？

生（笑）：KTV？

师（也笑）：合适！解释了一个我很难跟你们解释清楚的东西，就类似我们现在的KTV吧。那是古时候的一种特殊场合，这些不务正业的少年无聊时去的一种娱乐场所，差不多是那样。这是个享乐少年，他也并非老想着为国捐躯什么的了。

生3：我从第三句看出来，他好像是从什么流放的地方跑了，然后被人抓，然后差点被砍头了……

师："酒酣闹市斩人头"？当时的长安不像现在治安那么好，有时看到坏人可能一剑拔出来就是要杀人的。他也干过这样的事情，也可能被别人干过这样的事情。可见那个时候的人都……

生：特别黑。

师：特别黑？（笑）特别狠是吧？我们感觉到也是意气风发的呀，不像现在。（生：想杀人就杀。）对，没错，现在杀人就要负法律责任了。在唐朝没人管这些。甚至有时大家觉得这是一件痛快淋漓的事情，这样的人该杀，杀完以后就喝酒去了。（众生笑）拎着个人头往那儿一放，上酒！是吧？（生：啧！哎呀，那真牛真本事！）这是唐朝人特有的一种豪爽。现在我们看到了一个怎样的少年？

生4：杀人少年，入青楼的少年，做骗子的少年。（其他学生惊呼）

师：这跟前面学过的诗一比，好像很不一样是吧？你以为少年都是去建功立业的，没想到还有干这种事情的。（学生笑）

生5：我看到的是"别时方恨相知短"那句。我觉得他有时候可能浪迹江湖也很累，然后和朋友相别，再想起时别人都已经走了，不在他身边了。

师：这些浪迹江湖的游侠都很在意友情的珍贵。什么叫游侠啊？

生6：（学生争议）游侠，就是旅游一样，走来走去的，不会待在一个地方。

师：经常是今天跑到长安明天跑到了洛阳，后天听说朋友有难，他又入蜀到四川去了。（学生笑）这个就叫"游侠"。（生：杀手。）

师：也不是，有些人差不多就是玩了一辈子，写了一堆诗。王维呢，还做个官。李白我们都不知道他做什么的，到处结交朋友，到处还有人给他钱。（学生笑：有人请客。）就像很多做官的诗人，他们愿意结交李白，愿意给他钱让他去玩。现在，你们看到了一个怎样的少年？

生7：这是一个重友情的少年。

师：还有呢？诗歌非常丰富，别看着我，我老了，不是少年了，你们看诗。（学生笑）

生8：我还看到一个立功的少年。"仗剑江湖行，白首为功名。"就是他立了功就有名了呗。

师：皇帝就可以赏赐功名利禄嘛。每个少年从家里出发，走之前都是满怀抱负的，都是去建功立业的。还有吗？

生8：我觉得他还是一个很重情义的人。从"折不完灞桥长亭三春柳，放不下西风阳关一杯酒"那句，可以看出他都不舍得把他那些朋友送走。

师：告别是吧？告别是唐朝的一道风景。少年游侠经常在告别，今天在酒楼里喝杯酒，明天起身就告别了。"劝君更尽一杯酒，西出阳关无故人"，当时很常见。

生9：我觉得这首诗写了这个少年的一生，就是从年轻的时候到老的时候。"也曾"就是说他年轻时经常去青楼里面玩儿，然后到朋友的那里就是人到中年了，到最后黄花呀回忆呀，就是已经老了。在回忆自己过去的时候了。

师：明日黄花。说得太好了！给她掌声。（学生鼓掌）

四、好少年、坏少年

师：（接上）这首诗中提到了一个人的三种格局。他作为一个游侠少年开始闯荡江湖，什么都经历过了，然后待他满头白发，回忆起自己的青葱岁月，走江湖浪迹天涯，坏事做过一堆，好事也做过一堆（学生笑），一个无拘无束的少年。这跟我们现在想象的正直青年有点不一样，差异在哪里，你说一下？

生1：我感觉以前的那些人，只要给钱，你让他干啥、杀谁都行。（众生议论）

其言必信，其行必果，已诺必诚，不爱其躯，为知己者死。
——司马迁《史记·游侠列传》

师：是。以前是有一种人是干这个职业的。有时甚至只为一碗酒，你让我做什么我就去了。听说过荆轲吧？他听太子丹一说要去刺秦王，他就去了，他就是这样的人。他明知道刺秦王会怎么样？（生：回不来了!）刺成功也回不来，刺不成功也回不来，总之是必死无疑的一条路，但他还是去了，为什么呢？（生：为朋友。）"士为知己者死"啊！这放在现在就是个罪犯，要去坐牢的，很多人会觉得不可想象。

生2：过去的这种人是被人敬佩的。过去的那种社会都是为朋友两肋插刀，现在有的人为了利益插朋友两刀。（众大笑）

师：这是一个没有义气的表现。（生3对同桌说：你可别插我呀!）放心，他不会插你的，你们是非常好的朋友哈。（众笑，生3：那可不一定，人是会变的。）放心！人家是讲义气的。张卓（音）这句话说得非常好。在唐朝，这个人是非常讲义气、重朋友的，现在我们看这些，就感觉是个遥远的传奇了。

生4：我觉得这个重情义，就跟以前我一个哥们儿一样。那哥们儿从来没有出卖过我，有些事情是我干的我就承认。但是那哥们儿就不说，在老师面前替我打掩护说不是我，护着我。后来我问他你为什么要这么护着我，他说，谁叫咱们是哥们儿呢。重情义，懂吗？我们都仗义，他仗义我也仗义。（众笑）

师：你也就只有在我面前敢说这样的话。

生4：不是。没说现在，我说的是以前的那个学校的哥们儿。

师：没事。我尊重你们之间的义气，对不对？但是，你干坏事是不行的啊。别像这个少年一样什么事都干的，那不行。那是唐朝，唐朝不是现在。唐朝这样一个开放的王朝是什么人都有，但它也并没有说这样的人就是值得效仿，而是有这样一个王朝，这样一些人存在。好，下节课我们开始诵读，你要考虑如何用你的声音去理解这些少年游侠。让我们回到大唐这一个伟大时代，去做一回大唐少年。下课。

约　定
——关于《去年的树》

在带领学生学习《去年的树》这篇课文的时候，我让他们一遍一遍地读，一遍一遍地问，第一节课就在这样简单的方式中结束了，学生在读的过程中说到了一个词——"约定"，我将它写在黑板上，上课时被学生擦黑板时擦得有些模糊了。第二课时只剩下了三句话，我于是打算就这三句话和学生继续对话：

"鸟儿睁大眼睛，盯着灯火看了一会儿。

接着，她就唱起去年唱过的歌给灯火听。

唱完了歌，鸟儿又对着灯火看了一会儿，就飞走了。"

第一句：鸟儿睁大眼睛，盯着灯火看了一会儿。

一上课我就问："鸟儿最终找到大树朋友了吗？"

有学生说找到了，这灯火就是大树做成的火柴在燃烧；有学生说没有，这只是火，其实已经不是大树；这时有一个学生说："这个时候，对小鸟来说找不找到也无所谓了。"

"哦，你是怎么想的？"我心中有一丝惊喜，但我决定继续茫然地问着。

"鸟儿飞越千山万水，来找她的大树朋友，她问树根、问大门、问小女孩，找的过程已经实现她的承诺，是不是大树已经不重要了？"

205

"是吗?"我虽然反问,但止不住为这个学生的回答高兴,"那么,既然不重要,她为什么要睁大眼睛,盯着灯火看呢?"我追问。

"她还是想看看清楚,是不是她的大树朋友。"一生说。

"她在找了这么久之后,没有想到大树却成了这个样子!"另一生说。

"怎么,很失望?很伤心?书上似乎也没有这么写啊?"我问。

"那倒也不是,她仍然为找到大树而高兴,因为他们有约定。"一生说。

"高兴这个词不妥,应该更换一下。"

"改成欣慰比较合适。"

"嗯,欣慰比高兴合适,可是我怎么也读不出这样一种喜悦的味道。"我试图让孩子摆脱固定的非此即彼的两向猜测,"注意鸟看树的眼神,那是怎样的眼神啊?"

"盯!她是盯着大树看。"学生答道。

"是的,盯也是一种看,你从这个眼神中读出了什么?"

"小鸟看得特别专注,仿佛要从火中看清楚大树的样子。"

"大树的样子?大树什么样的样子?"我问。

"去年的大树的样子。"学生说。

我心里很兴奋,学生走入了语词的密林,慢慢开始靠近这一则童话的气质,题目取作《去年的树》,一直是很多老师求而不得的疑惑。

我继续问:"是啊,小鸟已经是一年之久不见大树了,记忆中的大树是怎样的?"

"是一棵很茂盛的树,小鸟常在树枝上唱歌。"

"树很大,在树林里很有安全感,所以,小鸟喜欢在这棵树上唱歌。"这一般是小女孩独特的感受。

"去年的树的模样始终在小鸟的脑海中挥之不去,难怪她不会去找别的树。然而现在她看到了什么样子的大树?"

"那只是一堆火,早已不是大树的样子。"学生说,同时,其他的同学有一种隐隐的静谧。他们似乎被什么东西触动了。

我稍动感情地陈述:"同学们,她盯着灯火看了一会儿,这灯火中似乎闪耀着去年的树的模样,这眼神似乎有很多话想说啊!"

学生说:"她想说,我好不容易千辛万苦才找到你,大树。"

学生说:"她想说,大树,你知道我飞了那么久,我准备好很多动听的歌,都想唱给你听,你听得到吗?"

学生说:"她想说,你知道我多想你吗,可是你为什么不等我呢?你怎么变成了这个样子呢?"

教室里很静,收却了刚上课的躁动,有一种动人的气息开始弥漫,我知道此时,学生的心扉已经打开。

我说:"是的,当小鸟用眼神在深情诉说的时候,大树难道就没有什么想说吗?大家上节课说,这是一个承诺,更是一份约定。老师觉得用约定或许更合适,所以把它写在黑板上,谁知道为什么吗?"这问题有点为难他们。

一个学生举手说:"承诺是我答应你的事情,而约定是两个人一起说好的事情。"话虽然简单,但显然大家都听明白了。这正也是我必须要在这个文本中引导学生感受到的,这则童话的灵魂不在承诺,而在约定!是文本表达上使用小鸟的主线导致很多读者都认为这只是小鸟在完成的一个承诺。但童话的力量恰恰在隐藏的内里,这是讲述两个生命共振的故事。我于是这样引导学生:

"是啊,说得真好!既然是约定,那你有没有看见他颤动的火苗似乎也想说什么?"

学生说:"大树也想说,小鸟,小鸟,我也一直在等你啊,可是你不知道,我被伐木工人砍走了。"

学生说:"大树还想说,你不在的那么多时候,天一直在下雪,我想等春天来了,你就回来了,那时,我也就长得绿了,没想到没熬过冬天,我就被砍走了。"

我突然有一丝心动。孩子的生命是多么纯净啊,他们的想象空间是多么善良美好啊!

我问:"那时,他也许会对伐木工人怎么说?"

学生答:"你不要砍我,我还要等我的好朋友小鸟来,她找不到我会伤心的!"

学生说:"当时,我很急切,我给树根留了话,让他转告,我被运到山谷里去了。"

我追问："那么，这一路上，大树一定是不断地在留言了？"

学生答："他对大门说，如果我的朋友小鸟来找我，你一定要告诉她，我被锯成细条条卖到村子里去了。"

学生答："他对小女孩说，请你慢点划火柴，火柴没了，我的好朋友就再也找不到我了。"

我的心里又是一动，看着孩子认真投入的神情，心想，真的只有孩子才有这份敏感细微的童心啊！

我说："是啊，同学们，这才是约定，小鸟千辛万苦地找来，大树也在日日夜夜地等候，他们虽然隔着一年四季，虽然隔着千山万水，但他们的目光一直是在看着对方啊！"连我都说得有些动容。

但我必须要打断这漫长的抒情了："那么，为什么小鸟和大树一个字都不说，就只是这样默默地看着？之前，小鸟可是走到哪都问到哪。"我知道拉回文本的问题非常重要。童话的文本是含蓄而简约的，它将很多强烈的情感都温和地藏在童稚的语言中，整个童话呈现了一种独特的东方美学。引导孩子尽情地倾诉过后感受这份内敛的情谊是感受这份美的必由途径。

"我觉得不需要说了，说也说不完，而且，会越说越伤心的。"

"我也觉得不需要说了，一切尽在不言中。"谁说学生不懂呢？只有当学生真的走入他们内心深处，才会发现原来他们之间有着千言万语需要倾诉，也才会发现千言万语都比不过这"脉脉不得语，盈盈一水间"的对视。

另一位学生说："我也觉得不需要说了，因为小鸟用歌声表达了一切。"

第二句：接着，她就唱起去年唱过的歌给灯火听。

"用心读一读这个句子，哪个词让你心动？"我问。

"去年，这个词。"学生答。

"哦？为什么要唱去年的歌呢？"其实我不问，他也会接着说下去，发现这个词，必然也发现了词背后的秘密。

学生说："只有当小鸟唱起去年的歌曲，大树才会认出是小鸟。"

学生说："不是的，大树肯定早就认出小鸟了，先前他们盯着看的时候早就认出了。"

学生说："唱起去年的歌是让他们都想起去年在一起的情景。"

"那是怎样的情景？"我继继引导他们。

一个学生翻到书前面读道："鸟儿站在树枝上，天天给树唱歌。树呢，天天听着鸟儿唱。"

我叫他们读这个句子，接着问道："谁能想象一下，去年他们在一起的情景吗？"

"那一定是在一座美丽的大森林里，有很多的树，空气是那么新鲜，鸟儿天天早上唱歌给大树朋友听。"

"书上说，春天又来了。原野上、森林里的雪都融化了。我想这棵树的边上一定是溪水叮咚地响，溪流旁边还开满了很多美丽的鲜花。"

我打断他们的遐想："是的，那一定是一个开满鲜花的山谷，那时他们天天在一起多么快活啊！可是现在呢？"

学生默然，这时一位学生举手说："现在他们只看着对方伤心，大树已经成了一堆火了。"

我说："是的，当小鸟的歌声响起时，他们一定会想起：'鸟儿站在树枝上，天天给树唱歌。树呢，天天听着鸟儿唱。'让我们再来读一读。"

读完后，我接着问："那时，他们还天天在做什么？"

学生说："他们可能也会像《爱心树》那样，那个小男孩就是这只小鸟，小鸟一直和大树捉迷藏，大树会拿他的手臂追着小鸟，让小鸟在手臂上跳舞！"

学生说："那个时候，小鸟还会跟大树讲故事，讲她在远方看到的一切，大树很高兴。"

学生说："也许小鸟还在大树上筑巢，生了窝小宝宝，大树用茂密的树叶保护着这窝小宝宝，不让他们受伤害。"他们似乎开始兴奋起来。

我再次打断他们的遐想："是的，曾经的生活是多么快乐啊，在这去年的歌声中，一切似乎又都苏醒了过来，可是现在呢？"

学生又默然，他们会不会在心里说我狠心？

一生说："现在他们再也不能玩游戏了，小鸟也来不及再跟大树讲故事了，因为大树的火苗已经越来越暗了！"

我心里惊呼，好细腻的孩子！

教室里很沉静，在一喜一悲中体会着人生最初的无常，有小女孩眼睛开始红了。

"没事，歌声还在唱着，只要歌声响起，他们就一定能回到'鸟儿站在树枝上，天天给树唱歌。树呢，天天听着鸟儿唱'的过去，再读一读。"他们的声音很轻，没有了起初的高兴。

"还想说说他们美丽的过去吗？"

学生说："在那座大森林里，天总是那样蓝，就像童话一样。"

这故事本身难道不是童话吗？学生为什么会这样说呢？他们是不是当真了？

我说："童话世界总是蓝天白云、草翠花开吧？都仿佛在为小鸟和大树的友情高兴。这一切，将要永远地消失，现在他们在哪里？"我真的很残酷。

学生说："在黑沉沉的小木屋里。"

又是默然。

我说："再也不会有蓝天，只有大树化成的微弱的烛光，还在黑夜里闪动，而且，这烛光真的越来越暗了。在这小木屋里回荡的只有小鸟所唱的去年的歌。我们再来读一读这个句子吧，这是永远刻在他们脑海中的画面。"

"鸟儿站在树枝上，天天给树唱歌。树呢，天天听着鸟儿唱。"

没有音乐，没有画面，学生读完后默然，似有泪光闪动。

"过去鸟儿给树唱歌，现在鸟儿给灯火唱歌，这是同一首歌吗？"

学生说："一样的。"

学生说："去年的歌只唱给去年的树听，不管大树变成了什么，他也都听得懂！"

我听之恻然："是啊，也许这大概就是课文取名叫作《去年的树》的原因吧！在小鸟的记忆中，无论树变成什么模样，也都是她的好朋友，树一直是去年的模样，翠绿高大。"好像，我也隐隐有些动情。这个很多老师都难以解读通透的题目，就这样被孩子真诚的感悟轻易瓦解。

第三句：唱完了歌，鸟儿又对着灯火看了一会儿，就飞走了。

我接着问学生："读了这最后的一个句子，静静地想一想，有没有什么想问的？"

稍许，学生陆续举手。

学生问："为什么小鸟不多看一会儿，她好不容易才找到大树的？"

"还有谁想问？"

学生问："大树的灯火马上就要熄灭，鸟儿为什么不陪大树了？大树太孤单了。"

我接着说："两个好问题，谁能回答？"这其实也是我试图让孩子们问的。

一个学生答："小鸟看了一会儿就走，是在大树还没熄灭的时候，小鸟不忍心看到大树变成黑乎乎的样子。"

一个学生补充道："其实，大树也不忍心看到小鸟可能马上要落泪的样子，所以，小鸟扭过头飞走了。"

我插嘴："应该是这样，这也是他们心里的约定吧！好朋友很多时候是不要说再见的，尤其在彼此难过的时候。小鸟飞进沉沉的黑夜，是让眼泪落向天空吧！"

另一个学生答："我觉得小鸟飞出窗外是飞到村子里的另一个窗户里去了。"

"嗯？"我和其他学生都很惊讶，都看着他。

他继续说："大树做成了很多火柴，也许在另外亮着灯的屋子里还有呢！"

这个令我怎么也想不到的回答，竟让此时伤感的气氛有所明朗。

"呵，也是啊，你想得很有道理，那她是继续去找她的大树朋友吗？"

"她继续去为村子里的灯火唱歌，她会以为村子里所有的灯火都是大树化成的！"

我有些意外惊喜，隐隐觉得这是一个好时机，于是我顺着他的意思问："按你这么说，只要有灯火，小鸟就会一直在唱去年的歌？"

"是的，老师你说过'向着明亮那方'嘛！"

"这明亮是树化身而成，也值得小鸟一直为他歌唱，那，现在还在唱吗？"

"只要灯火还没熄灭，小鸟就一直在唱！"

我有些恍惚。这课怎么会上到这个地步的呢？学生们怎么会有如此完美的感悟呢？当然，我知道，他们只是处于一种言说的状态，还不能深刻会意他说的话中的含义，但真正的智慧常在懵懂之处绽放，如《去年的树》一般质朴动人。我觉得差不多可以在这充满希望的话语中结束了，这样也不至于留给孩子太多的伤感。

一个坐在角落的孩子突然举手，这个孩子常常在安静地看书。

"你还想说什么？"

那个孩子说："我觉得小鸟应该等火熄灭。"

"嗯？"

"她应该在灯火熄灭之后，叼起那根烧剩下的火柴梗，飞到树根上，然后，在那里继续唱歌给火柴听。"

我被深深震动，看着他，这是多么深情的回归啊。

"为什么一定要回到那个地方呢？"我问。

"因为那里才是他们真正的家，小鸟看到树根就会一直想起去年的树，这样就不用担心火柴燃光，灯火熄灭了，他们就一直在一起了。"

显然，我没有准备的话已经比他的苍白，准备过的话也比他的浅薄，谁又想得到，他们竟如此深情地沉浸在这个故事中！这么多年，这篇文章我自己上过几遍，也好几次听别人上这一课，但我从没有一次如今天一般发现这则童话的真与美。

"这才是真正永恒的约定吧！"我指了指黑板上的那个词。词已经在第一节课后被擦得有些隐约，我郑重地在下面加上两个着重号。

火柴天堂

——《卖火柴的小女孩》课堂实录

一、故事印象

1. 启蒙印象：由童话谈起

师：大家读过童话吗？我们聊聊你们读过的童话。

生：《海的女儿》《拇指姑娘》《冰雪女王》。

师：哦，你讲的都是安徒生的童话呀，还有其他吗？

生：《穿靴子的猫》。

师：你能简单地讲一讲吗？

生讲述大致内容。

师：哦，我们听懂了，结局就是把自己的女儿许配给一个王子一类的故事，和我们熟悉的一些故事情节很相似呀。

生：都是很美好的结局。

师：童话还有什么特点？

生1：有时让人难以想象。

生2：很神奇。

生3：动物都会说话。

师：对的。那么你们说到的《卖火柴的小女孩》是什么时候读过的？

生1：一年级。

生2：幼儿园的时候，妈妈就讲过了。

师：那么，我们现在六年级了还要学习，一定有它的道理，咱们来探索一下吧。

师：谁先说说故事的内容？

生简单讲述。

师：很简单的故事，其实也不简单。它是第一篇被介绍到中国的安徒生的作品，今天我们就一起走进这个故事。

2. 预习质疑：浏览课文，简单概括，提出疑问

师：请同学们快速浏览一下，一要看看怎样把故事分成两部分，并用最简单的两个词概括，说说你的感觉；二可以说说读完这篇童话，你最想问的一个问题。开始吧。

生默读。

师：大家交流一下，你是怎样划分的？

生：1～4段是一部分，后面是一部分。

师：同意吗？

生：同意。

师：谁能用简单的词概括一下两部分的内容并说说你的感受？

生：第一部分小女孩很可怜，第二部分是她实现了自己的梦想，很幸福。

师：很好，一可怜，二幸福。

师：还有什么问题要提出来吗？

生1：爸爸知道她冻死了，会有怎样的反应呢？

生 2：作者到底是以怎样的心情来写这个故事的呢？

生 3：为什么写这个小女孩呢？

生 4：为什么就是死了，还很幸福呢？

（学生连续发问）

师：这是一个从不幸到幸福的故事，让我们一起走进它，相信这些问题都能解决。

> 天冷极了，下着雪，又快黑了。这是一年的最后一天——大年夜。在这又冷又黑的晚上，一个乖巧的小女孩，赤着脚在街上走着。

二、文本细读

第一部分：冷（1～4 自然段）

师：读读 1～4 段，你从哪些地方看出是"可怜"的小女孩？画出有关的句子，开始。

生默读标画。

师（巡视）：同学们的学习习惯非常好，画出来，还写了简单的批注，这是高年级的一个很好的学习方法。

师：好，咱们交流一下。

生读"下雪、大年夜"一段。

师：这个同学找到了开头的第一句，故事一开头已经让我们感受到这是一个不平常的故事，你们再读一读，补充一下你的想法。

生 1：这是大年夜，别人都在欢乐中团聚，她却流落街头。

师：你是从时间上谈起，还有表示时间的词语吗？

生：深夜，这么晚了，她都没有回家，因为她没有卖掉一根火柴，怕爸爸打她。

师：多么可怜呀，除了时间还有什么地方看出她很可怜呢？

生：赤着脚。

师：除了小女孩的穿着，还可以从哪看出她可怜？

生：天下着雪。

师：这是环境描写。（出示对比句）：天冷极了，下着雪，又快黑了。这是一个下着雪的又黑又冷的冬天。

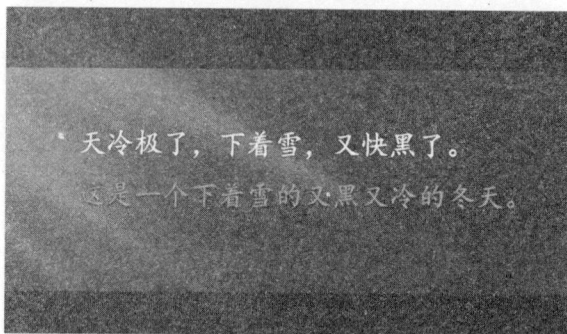

谁来读一读，这两个句子有什么不同？

生（读两个句子）：意思差不多，但是第一句更让人觉得冷。

师：这样的短句，你会以怎样的语速朗读？再读一读。

生：（不由地齐读）放慢速度。

师：这样的开头给你一种怎样的预感？

生：这是一个凄惨的故事、悲凉的故事。

师：读着这一个开头，我们仿佛能看到一个画面。

生：一个小女孩在冬天的大街上走着。

师：是怎样的步伐？

生：很慢，她快走不动了。

师：这就是大作家的文字。在这一段里还反复出现了两个字，你们发现了吗？

生：冷极了，又冷又黑。

师：为什么开头连用两个"冷"字？

生：更加突出了当时天气的极度寒冷。

师：一个作家，反复地重复一个词或者一个字，一定有他的道理。

师：我们一起再读一读，还能从哪些句子上读到小女孩的可怜？

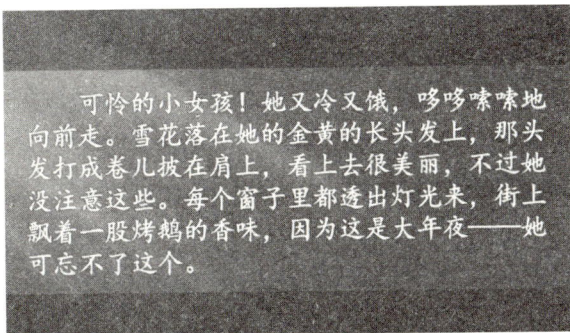

> 可怜的小女孩！她又冷又饿，哆哆嗦嗦地向前走。雪花落在她的金黄的长头发上，那头发打成卷儿披在肩上，看上去很美丽，不过她没注意这些。每个窗子里都透出灯光来，街上飘着一股烤鹅的香味，因为这是大年夜——她可忘不了这个。

生："小女孩只好赤着脚走，一双小脚冻得红一块青一块的。"

生："雪花落在她的金黄的长头发上，那头发打成卷儿披在肩上，看上去很美丽，不过她没注意这些。"

师：这不是写她的美丽吗？

生：落在美丽的长发上，天气非常寒冷。

师：小女孩这么美，不该承受这些寒冷吧？

生：用美丽反衬她的可怜，她已经冷到不再注意她的美丽。

师：（幻灯出示整段）读一读，从这段话中你还从哪里也能感受到小女孩的可怜？

生："这是大年夜，她可忘不了这个。"

师：哦？为什么忘不了这个，却忽略了美丽？

生：因为她"又冷又饿"，而大年夜，别的孩子不冷也不饿。

师：这里又出现了一个"冷"字，你关注到了，和之前的"冷极了""又冷又黑"有何不同？

生：前面都是在说天气，而这里却在说饥饿。

师：也就是说，这寒冷已经开始从街上冷到身上。读一读。

生读。

师：像这样的"冷"，1～4自然段中还有吗？

生："她觉得更冷了。"

生："家里跟街上一样冷。"

师：（出示句子）你怎么理解家里跟街上一样冷？

> 　　她觉得更冷了。她不敢回家，因为她没卖掉一根火柴，没挣到一个钱，爸爸一定会打她的。再说家里跟街上一样冷。
> 　　她的旧围裙里兜着许多火柴，手里还拿着一把。这一整天，谁也没买过她一根火柴，谁也没给过她一个硬币。

生：房子很破旧，遮不住风雨。

师：你从哪一个字看出的？

生：从"灌"字上可以看出，墙壁上的洞实在太大了，家里太穷。

师：即使破旧，总可以挡点风雨的，小女孩为什么不在家里待着呀？

师：爸爸很严厉，她没卖掉火柴，爸爸会打她的。

> 冷极了
> 又黑又冷
> 又冷又饿
> 更冷
> 家里和街上一样冷

师：她有妈妈吗？

生：有，因为书上说她穿的很大的拖鞋，一向是妈妈穿的。

师：哦，那应该是一个完整的家，再穷也是个家啊。为什么说和街上一样冷？

生：因为爸爸一定会打她，她得不到温暖。

师：像你所说的，这还是天气的冷吗？

生（齐答）：心里冷。

师：是呀，有家不想回，这是心灰意冷啊！像这样的人情冷漠还表现在哪？

生：我从"一辆马车飞快地冲过来"可以看出，他们无视小女孩的存在。

生：没有一个人买过小女孩的火柴，资本主义社会很黑暗。

师："资本主义"，你们懂吗？我们不说不懂的词，再来读读这一段话。

（屏幕出示：她不敢回家……）

师：再读一读，屏幕上下两段文字，在表达上有没有什么共同的特点？

生："一根火柴""一个钱""一定"，这里出现了很多的"一"。

师：这么多的"一"，读一读，从中，你感受到什么？

生：满街那么多人，没有一个人在乎她。

生：她得不到一点儿的关爱。

师：说得真好，请你将这样冷到极致的感觉读出来。

生再次读这两段话。

师：就是这样，卖火柴的小女孩从白天冷到黑夜，从街上冷到家里，从身上冷到内心，在这层层寒冷的包围之中，她还能到哪里去呢？她已经被这个世界逼到了墙角，慢慢地坐了下来。可怜的小女孩！

（播放《火柴天堂》前半部分）有谁来买我的火柴，有谁来买我的火柴……我们听到这个小女孩的声音越来越轻，越来越微弱……

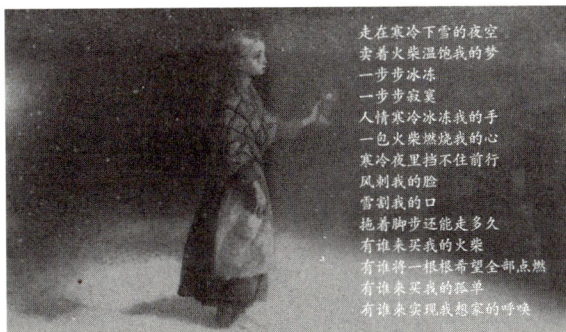

走在寒冷下雪的夜空
卖着火柴温饱我的梦
一步步冰冻
一步步寂寞
人情寒冷冰冻我的手
一包火柴燃烧我的心
寒冷夜里挡不住前行
风刺我的脸
雪割我的口
拖着脚步还能走多久
有谁来买我的火柴
有谁将一根根希望全部点燃
有谁来买我的孤单
有谁来实现我想家的呼唤

第二部分：暖（5～12自然段）

师：浏览一下第二部分，哪些句子可以看出女孩的幸福？把它们从文中标出来。

生默读标画。

师：一篇好文章总是在字里行间流露出情感，来，交流一下。

生："她终于抽出了一根……"

师：说说你对这一句的感受。

生：小女孩划燃火柴，得到了温暖。

师：还有谁画了这一句，也来说一说。

生：小女孩太冷了，她在火光中终于得到了一点温暖。

师：你的朗读仿佛让我感受到幸福，"旺旺""暖烘烘的""多么舒服呀"，在这段中，这种感叹还有，你们再找一找。

生：多么温暖，多么明亮的火焰啊！（生读）

师：那么多的"冷"，所以小女孩第一个想到了暖，还有其他吗？

生：屋里，"桌子上铺着……"从这一段你感受到什么？

师：小女孩太饥饿了。

师：这和又冷又饿相对应呀，继续交流。

生（读句子）："这一回，她坐在美丽的圣诞树下……"她看到圣诞树，是希望得到美丽。

师：小女孩几次擦亮火柴？有几次幻想？

生：（纷纷说）五次擦亮火柴，四次幻想。

师：后两次擦亮火柴，和前面几次有什么不一样？读一读，想一想。

生：（放声朗读）

生1：前面擦亮火柴看到了许多，可是火柴一灭，一切都没有了。后两次是先擦亮一根，后来擦亮一大把。

师：你是从数量上说的。

生2："小女孩叫起来"，说明她很急切。

师：哦，还表现在声音上，来读一读。

生齐读。

生3：后两次，光亮更大了。

生：她看到的事物不一样了。

师：那么，她最想得到的是什么？

生：是爱，她前面几次都没笑，这一次笑了。

师：她感受到了幸福，读读这一段。

生齐读。

> 她们俩在光明和快乐中飞走了，越飞越高，飞到那没有寒冷，没有饥饿，也没有痛苦的地方去了。

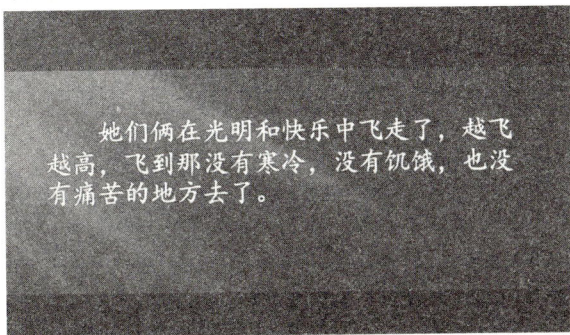

师：为什么选择这三个没有？

生：这是小女孩最想得到的。

师：谁来读一读，帮助小女孩实现愿望？

生读得很有感情。

师（屏幕出示课文）：第二天清晨……（配乐，教师慢慢轻声读）

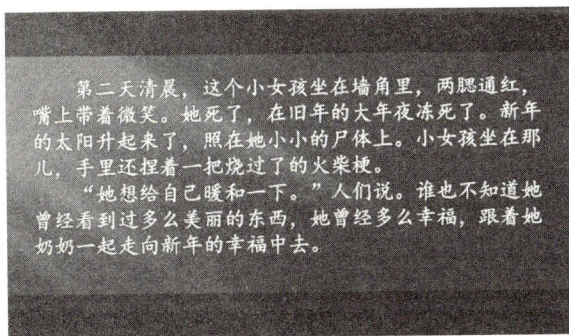

> 第二天清晨，这个小女孩坐在墙角里，两腮通红，嘴上带着微笑。她死了，在旧年的大年夜冻死了。新年的太阳升起来了，照在她小小的尸体上。小女孩坐在那儿，手里还捏着一把烧过了的火柴梗。
> "她想给自己暖和一下。"人们说。谁也不知道她曾经看到过多么美丽的东西，她曾经多么幸福，跟着她奶奶一起走向新年的幸福中去。

当你听到这样的结尾，你心中什么感受？

生：感动。

生：高兴。

生：幸福。

师：本是凄惨的故事，为什么让你们感到幸福和高兴？

生：她得到了自己想要的。

生：社会抛弃了她，她走得十分自然。

师：她幸福地走去。（屏幕出示两个"幸福"的一段话）

谁也不知道她曾经看到过多么美丽的东西，她曾经多么幸福，跟着她奶奶一起走向新年的幸福中去。

生齐读。

师：两个"幸福"有何不一样？

生：第一个幸福指幻影，后来火柴灭了，一切都没有了，第二个幸福是彻底幸福了。

师：一个是短暂的，一个是永久的。

你刚才说得真好，我们一起读一读。

生齐读。

师：有一个问题很想问问大家，小女孩真的冻死了吗？哪一天不是这么冷，不是这么饿，不是没有关爱？为什么她在大年夜死去了？

生：她很想念奶奶。

生：她原来从来没敢尝试。

生：她看到了很多美好的东西，不愿回到现实了。

师：是呀，哪怕世界给她一点爱，她也不至于在这个晚上离开人世。

师：读一读安徒生的这一个童话，它的结尾也许会给你另一种感受。

师（屏幕出示，朗读《海的女儿》结尾）

师：这两个结尾有什么相同之处？

生：死得幸福。

生：都去了天国。

生：在幸福中重生。

生：都看到了美好。

师：他们看到了自己梦想的实现。带着你的感受读一读。（屏幕出示最

> 她再一次把她迷糊的视线投向这王子，然后她就从船上跳到海里，她觉得她的身躯在融化成为泡沫。
>
> 现在太阳从海里升起来了。阳光柔和地、温暖地照在冰冷的泡沫上。小人鱼并没有感到死亡。她看到光明的太阳，同时在她上面飞着无数透明的、美丽的精灵。透过它们，她可以看到船上的白帆和天空的彩云。
>
> 小人鱼向着阳光举起了她光亮的手臂，她第一次感到要流出幸福的眼泪。于是，她就跟空气中的精灵们一道，骑上玫瑰色的云块，升入天空里去了。
>
> ——安徒生《海的女儿》

后一段)

（连续让 5 名学生读）

师：这是一个讲述死亡的故事吗？

生：是从可怜（不幸）到幸福的故事。

师：这是一个讲生的故事，最美的鲜花，总是在挫折后，只要不放弃，你的人生总会明亮起来。送大家一句话：信念不灭，有梦想的人最幸福。

生静而不动，似沉思中。

师：再听一首歌吧，金子美玲的《向着明亮那方》。

让这把火柴在你心里燃烧，下课。

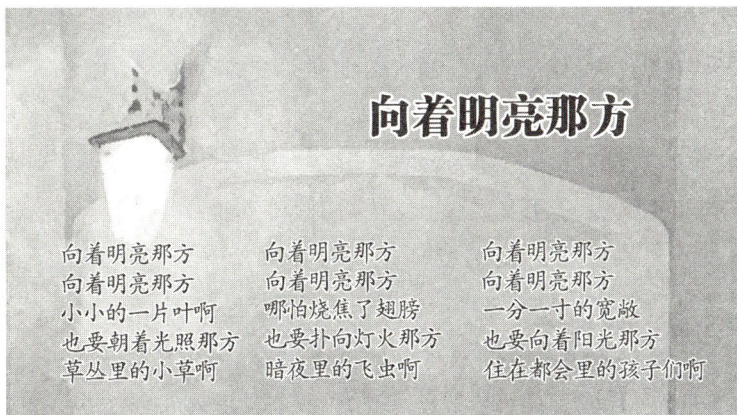

向着明亮那方

向着明亮那方
向着明亮那方
小小的一片叶啊
也要朝着光照那方
草丛里的小草啊

向着明亮那方
向着明亮那方
哪怕烧焦了翅膀
也要扑向灯火那方
暗夜里的飞虫啊

向着明亮那方
向着明亮那方
一分一寸的宽敞
也要向着阳光那方
住在都会里的孩子们啊

经典之外，再无语文

（代后记）

我是在江南农村自然长大的，童年时并没有经历完整的经典启蒙。现在回望，那时的时光却是中国几千年乡村文明最后的黄金时代，尚有余光中所说的"秧田的水意"，这种寻常景致，后来成了我对经典文学的现实联想，也是我的语文教育追溯的精神原点。

小学四年级，我从复式班的村小转到了乡村中心小学。在这之前，我读过的课外书只有哥哥的一箱子连环画。农村的孩子坐不住，教语文的冯老师慈眉善目，又不会批评孩子，为了吸引我们听讲，就和我们约定：如果上半节课认真学课文，下半节课就讲故事。我们强忍着对"本文记叙了……赞扬了……"这种"八股"笔记的厌烦，等待着后半节课的语文复活。《白蛇传》《八仙过海》《隋唐演义》等民间故事就这样以每天半节课说书的方式载入童年的蛮荒时代，成了我最早的文学启蒙。如今，我完全忘记语文课讲了些什么，记得的都是这些民间经典文学。等我做了老师，和孩子读刘绍棠的《老师领进门》、孙友田的《月光启蒙》，会心地聊我的童年。很幸运，我的语文情结是这样被无意种下的。

小学毕业前，乡村学校里添了不知哪里来的几箱子书。我常胆大地跑到办公室里去看，一本看完换一本，很快，这些童话、名著就被我看完了。我开始向老师借书。老师也不问我喜好，借给我的都是《诗经》《唐诗三百首》《宋词三百首》等经典诗歌集，并限期归还。相比神话、童话，我当然不会喜欢古诗，但无书可读，聊胜于无，就开始对着解释翻看这些古书，觉得这些诗歌背后的典故也蛮有意思。但一本书限定一周还，没办法，我开始了手抄书生涯。一本书，一个硬抄本，把大量的经典一本一本抄下来。那时候，农村电力紧张，有时断电。每天晚上，母亲就点着油灯，陪着我，边看我抄书，边织毛衣。我抄了好几本，抄完了也就差不多背下来了。至今，我所记得的古典诗词多半都是那时背熟的。

童年时代的文学启蒙，无意间暗合了从民间经典到人文经典的路径。12 岁以前，没有人推荐我读《读者》，电视机仍是奢侈品，快节奏的消费资讯尚未抵达，即使是语文教材，还未被新课程"改革"，虽然老师教法传统，但文章非大家不选。对连环画、民间文学、童话神话、古诗词等这些经典的接力阅读，让一个"野蛮"长大的少年，被人文熏染，日后走上了一条语文教育之路。

做了十多年老师，常能回忆起成长路上对自己影响最深的契机，我相信，它们同样也能再一次辉映在孩子们身上。教书的同时，我组织老师们一起编古典诗歌集《诗韵三百六》，编整本书名著《景陆堂儿童文学阶梯阅读》，编电影赏析《光照童年儿童电影阶梯课程》，都是希望孩子们能够浸润着经典长大。

童年为什么需要经典启蒙？因为经典代表了人类的优秀文化，它们无论在哪个领域，都是被历史选择的结果，是被时间证明的杰作。天真的孩童，需要埋下受用一生的智慧种子。文质兼美的经典作品，由于它具备了一定程度的艺术与情感的完满，孩子可以自由出入其间，获得成长的力量。

经典课文对于语文价值何在？我想，经典是一把钥匙。小学语文是母语教育，经典的文章可以彰显中国文字之美。它们是运用语言文字的典范。语文教学既教习文字运用，也肩负文学审美，还传承人类文化。在经典的课文中，三者常能融为一体，彼此辉映。语文的魂魄是居住在经典中的，如果我们失去了对经典的信仰，失去了参悟、考证、解读的功夫，经典就容易流散成遣词造句作文，无法重生于孩子当下的生命中。

因此，本书提到的经典课文，都有一个共同的特征：一是历代传承的古诗文，二是著名作家的代表作。所谓"重读"，其实不是去颠覆经典，而是从这些作品的内涵和本质上去重新认识它应有的价值，让长时间消失于意识形态之中的语文，复归于本色。以一己的阅读教学经验，希望在我的语文课上接续经典的价值。阅读是一个人的精神历险，是很私人的体验，但教师的阅读，很有可能成为一群人历险的火种。所以，重读经典，是我语文教学道路上的一次寻根之旅，也是和孩子们的精神共舞。

生活中共读经典，课堂上彼此启蒙，这样做小学语文老师，是一件很有意思的事。